献给

渴望窥破自然奥秘的心灵

　　都柏林布鲁厄姆桥上的纪念牌匾，文字大意是："1843年10月16日，哈密顿爵士走过此处时灵光一现，发现了四元数乘法的基本公式 $i^2 = j^2 = k^2 = ijk = -1$。"

一 念 非 凡

科 学 巨 擘 是 怎 样 炼 成 的

Eureka Moments in the History of Science

曹则贤 著

外语教学与研究出版社
北京

目　录

作者序

人类历史是由少数英雄人物创造的观点，曾遭遇过激烈的批评。但是，如果说科学的历史是由少数英雄人物创造的，估计反对的人不会太多。因为，论及一些伟大的科学成就，别说敢腆着脸硬去争功，一般人如笔者这样资质的仅仅是能弄懂只鳞片爪就足以自豪了。当然，我这里说的科学指的是数学、物理这样的已经形成足够严谨、厚重体系的学科。

一部科学史，就是不多的几位巨擘挥洒天才的历史。有些人，像伽利略、哈密顿、欧拉、开尔文爵士，他们的思想能穿透存在之未知的迷雾，为人类带来智识的启迪。有些人，比如庞加莱，又比如伽莫夫，他们来到世上就是为了向世人展示这个世界是有天才存在的。每每读到这些大师的思想，领略了点滴他们天才的成就，总让人有莫名的兴奋和感叹——为什么在这块最古老的、养育了人类之最大部分的土地上，不曾出现过这样的科学巨擘呢？

也许并非我们生而平庸，而是在我们嗷嗷待哺的时候没有见识过榜样的力量，没有高屋建瓴的智者予我们以醍醐灌顶式的洗礼？！那些科学巨擘，都是在少年时期就得到了充分的、高品质的教育和启迪的。少年心中不知什么才是真正伟大的思想成就，什么样的人才是真正的科学大师，自然也没有成为大师的渴望与野心。那么，从他们中间产生科学巨擘的可能又在哪里呢？

不知从何时起，笔者一直有一个愿望，希望能把自己理解的那些科学巨擘的思想与成就之点滴与朋友们，尤其是那些朝气蓬勃的少年朋友分享。但是，正确理解和准确传达这些科学大师的思想与创造性成果远超笔者能力之外。抱着退而求其次的想法，笔者撰写了这本小书，向读者介绍那些科学巨擘成就其科学地位的非凡一念——也许只是一个偶然的念头，但是后来演变成了科学史上的标志性事件，给科学，进一步地给人类文明，带来了意想不到的推动。衷心希望这本小书能够对年轻的朋友们——从中学生到刚踏入研究生涯的青年学者，有些许的帮助。

本书着眼的人与事，仅限于哲学、数学和物理三个领域。没有别的原因，只是因为一些哲学、数学、物理领域里的大师具有别样的魅力，他们的成就在我的心中引起了特别的崇敬，按照康德的说法，就是"我对它们的思考越是经常和持久，它们就越是以崭新的、不断增长的惊奇和敬畏充满我的心灵。"读者将会注意到，本书提及的一些人可是"哲学家–数学家–物理学家"三位一体的，有人甚至还同时是语言学家或别的什么学家。尽管可能不正确，我还是以为物理学，就心智努力的成分而言，多少逊于哲学和数学对智力的要求。不是数学家的物理学家，总是和物理学有那么一层隔阂。一个不争的事实是，哲学家和数学家里几乎没有名不副实的人，遑论欺世盗名之徒。

本书包含30篇短文，其中前25篇大体上每篇介绍一位科学巨擘取得伟大成就时的某个非凡一念；第26篇谈论作为学者品格的高傲的孤独——寂寞中沉思的人才能瞥到黑暗中最微弱的亮光；接下来的三篇分别讲述一位中学老师、一位工厂学徒和一位农民是如何凭借一个非凡念头影响了科学的；最后一篇特别谈谈平凡人如何也能享受学习和参与科学创造的乐趣。内容上，我在保持通俗易懂的同时，仍然坚持加入一些深刻的东西，包括数学公式。有一种说法，每多一个公式，书的读者就减少一半。按照这个说法，本书的读者数将少于1。不过我不太相信这个说法。**每一个健康的头脑，都是喜欢挑战的**。数学公式之所以能吓走读者，可能是因为公式是以一种生硬的、唬人的方式出现的，如同有人把家常话般的德国哲学翻译成晦涩难懂的文本一样，问题出在作者或者译者的不道德，而不是因为数学或者哲学的不随和。本书中的数学公式，如果读者不感兴趣，不妨直接跳过去，丝毫不影响感受那些科学巨擘灵光一现时的奇思妙想。但是，我希望读者能努力理解这些看似艰深的东西，不要有身入宝山空手回的遗憾。在一些篇章后面我会列出一些非常专业的参考文献，我不认为在这样的书中列出这些专业的内容是多余的。虽然这些文献可能是以一种你还不会的语言写成的，或者它们的内容也不易理解，但是，设若这些内容在你的内心深处激起了成为科学大师的激情，那么这些文献可能就会成为你的垫脚石。会有那么一天，你能读懂它们的——说不定那时你还嫌它们浅显呢。

这本小书是笔者的学习笔记、心得体会，也是笔者内心深处的一声叹息。因为作者功力鄙薄的原因，它虽然能为朋友们展示一些伟大学术创造过程中的脚手架的遗迹，却不足以让人们一窥科学创造的门径。有志于科学事业的朋友，请早点儿尝试阅读科学巨擘们本人的著作，早日达成对大师之伟大成就的独特视角下的理解。

理解了科学大师之人与成就的一个附带好处是，它会让你谦虚——发自内心地、由衷地。

本书的阅读对象是任何一个对本书感兴趣的人。笔者无意也无法把难度控制在某个层次上；实际上，笔者根本就不接受把知识划分为中学生、大学生、研究生和教授能理解的不同层次的说法。倘若一本书能让不同的读者群都多多少少能有一些收获，哪怕仅仅是阅读时的会心一笑，那就是成功。再者说了，如果所读之书没有一点儿难度，那我们的进步又从何而来？

你一定注意到了，有很多来自伟大头脑的灵光一现这里没有提及。没有关系，这是一个开放的系列，稍待时日会有更多的内容在未来会被添加进来。

这个民族，这个我所属的历史上多灾多难但一直生生不息的伟大民族，无论如何要对科学做出一点儿实质性的贡献。而为此，我们要学会如何学习、如何创造。马上向科学发起攻击，"angreifen, sofort!"

曹则贤

2013年春动笔

2015年秋定稿于北京

"不知道怎么才能平庸。"

天才们一脸无辜地说。

阿基米德（Archimedes，约公元前287—公元前212），古希腊的大学者，因发现杠杆原理和浮力定律而闻名。

阿基米德大喊"eureka"

阿基米德，是古希腊时期西西里岛上的叙拉古人，故西方文献称其为"Archimedes of Syracuse"。阿基米德是个博学多识的人，属于标准的 polymath（通才型学者），他是科学史上重要的数学家、物理学和天文学家。阿基米德精研算法与分析，曾使用无穷小的概念和穷竭法去严格证明几何定理。据说他能证明球体体积是等高等基底的柱体的 $\frac{2}{3}$。对于一个学物理的人来说，物理的启蒙内容大概就是杠杆原理，而那是阿基米德总结出来的。杠杆原理的发现，使得人们可以有意识地利用机械去做此前力所不能及的事情（图1）。流传过这样一句阿基米德的话："给我一根足够长的杠杆和一个支点，我能撬动整个世界。"如果说有哪句话能诠释知识的力量，我首选这一句。

阿基米德是一个时刻都在思考着的智者。传说叙拉古的国王赫农（King Hiero II of Syracuse）要为寺庙献上一个金冠，为此拨付了纯金去打造。可是，国王赫农又怀疑金匠可能往里面掺了银子，于是把判断金冠里是否被掺了银子的难题交给了阿基米德。想想两千多年前社会的技术水平，又不可以损伤了金冠——这下可把阿基米德给难为坏了。愁思中的阿基米德要洗澡（古希腊的人们洗澡竟然是有澡盆的，也许是石头

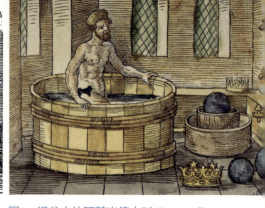

图1　阿基米德与杠杆原理　　　　图2　澡盆中的阿基米德大叫"eureka"

凿的）。阿基米德发现当他坐进澡盆后，澡盆里的水面上升了。若是盛满水的话，人坐进去会让许多水溢出来。溢出来的水所占的体积是可以测量的——只要看看人起身后澡盆里还剩多少水就行了。阿基米德于是有了判定金冠里是否掺入银子的办法了："找来同金冠等重的纯金块，将纯金块和金冠分别放入盛满水的桶中，看它们各自排出的水的体积。无差别，金冠是纯金的；若金冠的体积大，那是掺了银了。"想到了这一点的阿基米德太兴奋了，据说他大叫着"εὕρηκα"就窜到了街上（图2）。希腊语"εὕρηκα"，英文转写为"eureka"，发音为"尤里卡"，是"我找到了"的意思。阿基米德做出发现时的狂喜行为，西方人如今依然津津乐道，他们把那个状态描述为"in maximum state of excitement and, unfortunately, in minimum state of clothing（喜至极而衣至少之态）"，倒也形象。阿基米德的这一发现，后来被上升为浮力原理。

　　阿基米德在发现浮力原理及其在化学分析中的应用那一时刻大喊的"eureka"，成了重大科学进展的崇高符号。欧洲开展过以"eureka"命名的重大科学研究计划，汉译为"尤里卡计划"。为自己的重大发现而欢欣鼓舞，觉得有必要喊出"eureka"的情景，后世出现过一次。1796年，当高斯证明了任何一个正整数可以写成三个或少于三个的三角数*之和

---

* 三角形点阵对应的点数为三角数，如 1, 3, 6, 10…

时，他在餐巾上写下了公式 $N = \Delta + \Delta + \Delta$，并郑重地写下了"eureka!"其它的值得写下"eureka"的重大发现的例子就没听说过了。当爱因斯坦历经八年切磋磨砺终于找到引力的场方程时，按说他是有资格写下"eureka"的，但他没有那么做。

阿基米德的发现，可算是人类进行材料化学分析之努力的开始。材料的化学分析，如今已经进入了第四层境界。阿基米德本人的发现所代表的是第一层次，它需要回答的是一种材料是否包含某种元素的问题，比如王冠里到底是否掺入了银子。第二层境界要回答一种材料中不同元素所占比例的多少。就国王赫农的王冠而论，掺入1%的银和掺入10%的银显然有程度上的差别。而到了第三个层次则不仅要回答各种元素所占比例的多少——具体某种元素到底是如何分布的才是决定材料性质的关键。一般来说，一块材料其表面附近的元素分布同其内部的元素分布是不同的，这即是所谓的偏析现象。即便是在材料的内部，一定比例的两种元素也可以在不同的尺度上表现出不均匀来。比如，两种金属的合金可能是原子层面上均匀的，也可能是纳米团簇层面上均匀的，这两种不同结构的材料，虽然组分相同，其性质可能有天壤之别。如今，材料化学分析已经来到了特定状态的化学（state-specific chemistry）的时代，人们不只是要知道材料包含哪些元素、各占多少比例、各种元素如何分布，而是要弄清楚参与化学过程（比如反应或催化）之原子所处的具体的电子态。说到底，化学过程首先是电子转移的过程，要理解化学过程必须理解参与过程的各个阶段上的电子所处的状态。有了这样的材料化学知识，才有了材料在原子层面上的设计与组装。这样伟大的事业，肇始于阿基米德坐入澡盆那一时刻的灵光一现。

希望某一天，你也有发现值得大喊一声"eureka"，至于是不是要不穿衣服就窜到大街上，哈，随你。

$$i^2 = -1 \qquad i = \sqrt{-1}$$

$$e^{ix} = \cos x + i\sin x$$

$$\sqrt{b^2 - 4ac} \qquad \sqrt{\frac{p^3}{27} + \frac{q^2}{4}}$$

$$e^{i\pi/2} = i \qquad e^{i\pi} + 1 = 0$$

$$i^2 = j^2 = k^2 = ijk = -1$$

$$i*i = -1$$

$$i = e_1 e_2 e_3 \qquad \begin{bmatrix} a & -b \\ b & a \end{bmatrix}$$

　　虚数 i 的引入，是很多人长期思考的结果。**虚数是真实的**，它极大地拓展了数学的疆域，并让数学更有效地应用于物理和工程。

留下负数的平方根

爱因斯坦在1931年的一次讲演中说："在你的图中和方程式中永远不要忘记这一点。"他说的是哪一点呢？爱因斯坦指的是这样的事实："对人类自身及其命运的关注构成了技术努力的主要目标。"其实，对人类自身及其命运的关注也是科学技术得以发展的动因。就数学而言，对放贷问题的关注导致了对指数函数和对数函数的认识；对赌博问题的关注导致了概率论的建立；对打绳结问题的探索开启了拓扑学的研究；对于买卖、工程等问题的关注之产出之一是对代数方程的研究。比如，对周长和面积一定的长方形求其边长就导致了一元二次方程的求解问题。

古埃及人只会解简单的一元二次方程，如 $x^2 = 4$，但是不会解 $ax^2 + bx + c = 0$ 或者 $x^2 + ax + b = 0$ 这样的一般形式的一元二次方程。早先，一元二次方程中出现的系数都是正值，在中国宋代数学家杨辉的著作中，一元二次方程中出现的常数系数才可以为负数。关于负数，虽然在中国汉代文献《九章算术》（图1）中已经出现了负数的概念，伊斯兰世界的数学家在公元七世纪也开始使用负数，但是负数的概念在西方

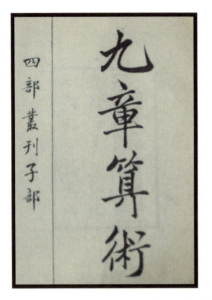

图1 《九章算术》与《大术》

世界（希腊以西的欧洲）被接受则要等到十七世纪。方程 $x^2 = 4$ 的解是 $x = 2$。等到人们引入了负数及其乘法，$x = -2$ 也被接受为方程 $x^2 = 4$ 的解了，人们第一次认识到一元二次方程的解可能有两个。不过，巴比伦人会解 $x^2 + ax + b = 0$ 这样的方程，依然只对正的根感兴趣，因为人们感兴趣的量还是长度、重量这类的物理量。一元二次方程 $ax^2 + bx + c = 0$ 的通解形式

$$x = \frac{-b \pm \sqrt{b^2 - 4ac}}{2a}$$

的雏形初现于公元七世纪印度数学家的著作中，十六世纪时西方的数学家已经能用这样的通解表达式对付一般形式的一元二次方程了。注意，在解的通式中包含 $\sqrt{b^2 - 4ac}$，对于 $b^2 - 4ac < 0$ 的情形，因为在当时数的平方不可能是负数，于是人们简单地认为这种情形下方程的解不存在。

就一元二次方程来说，这样做并未引起任何问题。但是，这个负数平方根的问题在解一元三次方程时发酵了。

一元三次方程想来应该与体积问题的计算有关，在各古文明的文献中都曾出现过。《九章算术》里已有一元三次方程的解法，唐朝王孝通的《缉古算经》里有一元三次方程二十五题。十二世纪时，波斯人已经发现一元三次方程可能有不止一个解。在西方，1515年意大利人费罗（Scipione del Ferro）找到了解 $x^3 + px = q$ 这类方程的解法。这不是最一般的形式，但实际上一般形式的一元三次方程都能化成这种形式，这掀开了大幕的一角。1530年，塔尔塔亚（Niccolò Tartaglia[*]）得到了 $x^3 + px = q$ 这类方程的一般解法，这使得他在解一元三次方程的比赛中大出风头。后来，卡尔达诺（Gerolamo Cardano）出版的《大术》（*Artis Magnae*）一书（图1）给出了一般形式一元三次方程的解，还惹出一桩公案。对于标准形式的一元三次方程 $x^3 + px = q$，其解的del Ferro-Tartaglia-Cardano公式是这样的

$$x = \sqrt[3]{\frac{q}{2} + \sqrt{\frac{p^3}{27} + \frac{q^2}{4}}} + \sqrt[3]{\frac{q}{2} - \sqrt{\frac{p^3}{27} + \frac{q^2}{4}}}$$

比如方程 $x^3 + 6x = 20$，可得解为 $x = 2$（这个解是可以猜到的，或者构造这个方程时是知道的）。这里有个危险，p是大的负数时二次根号里面可能是负数。卡尔达诺注意到计算时会遇到负数平方根的问题。这一问题，卡尔达诺在他的《大术》一书中是勇敢地面对的，对于方程 $x^2 - 10x + 40 = 0$，卡尔达诺写出其两个根分别为 $5 + \sqrt{-15}$ 和 $5 - \sqrt{-15}$，他称这样的根是"诡辩的"。卡尔达诺感到困惑的是，当一元三次方程只有一个根时，负数平方根的问题就出现在通解的表达

式中。

　　负数平方根引起了很多人的不安和研究兴趣。意大利工程师邦贝利（Rafaello Bombelli）在其1572年出版的《代数学》一书中谈到了方程 $x^3 - 15x = 4$ 解的问题。此方程的一个解为 $x = 4$，邦贝利还用因式分解法找到了另外两个解 $x = -2 \pm \sqrt{3}$，三个解都是实数[*]。不过，如果他使用通解的表达式，就会得到 $x = \sqrt[3]{2+\sqrt{-121}} + \sqrt[3]{2-\sqrt{-121}}$，负数的平方根出现了。如果简单地将负数平方根弃之不理，那就找不到方程全部的解了——可方程的解明明就在那里！邦贝利要了个聪明，因为 $\sqrt{-121} = 11\sqrt{-1}$，则 $\sqrt[3]{2+\sqrt{-121}} = 2+\sqrt{-1}$；$\sqrt[3]{2-\sqrt{-121}} = 2-\sqrt{-1}$，暂时保留这个 $\sqrt{-1}$ 硬着头皮算下去就能得到 $x = 4$ 的结果。既然在一元三次方程中遇到的负数平方根可能有必要保留，返回头来看，那个二次方程里的 $\sqrt{b^2-4ac}$ 导致的负数平方根也不妨保留着。

　　后来，天才的莱布尼茨也炒起了一元三次方程方程解的冷饭，他在1673—1675年间得到了结果 $\sqrt{1-\sqrt{-3}} + \sqrt{1+\sqrt{-3}} = \sqrt{6}$。这太令人惊讶了，莱布尼茨写道："我不理解，用一个虚存在的、不可能的数表示出来的量……怎么会是实数。"

　　再后来，笛卡尔把虚数与几何作图的不可能性联系起来，沃利斯（John Wallis）苦苦思索 $\sqrt{-1}$ 的几何意义，挪威人维塞尔（Caspar Wessel）在1797年前得出了线段乘以 $\sqrt{-1}$ 是将之在平面内旋转90°的结论。$\sqrt{-1}$ 的含义，代数的、几何的含义，再也不能被视而不见了。欧拉在《代数基础》中写道："因此它们（负数平方根）通常被称为虚拟

---

[*] 虚数被引入后，就有了实数和虚数的对比。西文中的 real number，中文的翻译"实数"不能表达其全部含义。real，是自拉丁语名词"res（事物、存在）"而来的形容词，有"关于存在的、真实的、永恒的"等意思。与此相对，虚数，imaginary，被认为是虚幻的、不存在的、不可能的。

（imaginary）的量，因为它们只存在于想象（imagination）中。"德文 imaginär（或者英文的imaginary）的首字母"i"于是被用来指代 $\sqrt{-1}$ 。

单位虚数i的引入，犹如打开了一个神奇的盒子，自那里飞出的新事物不断地冲击人们对于惊奇的承受力。把虚数和实数加在一起构成了复数，$a + ib$*。复数的一个意义是，采用复数，可以证明 n 阶实系数多项式方程 $a_n x^n + a_{n-1} x^{n-1} + \cdots + a_1 x + a_0 = 0$ 总有n个解，且其中的复数解是以共轭对出现的，即若 $a + ib$ 是方程的解，$a - ib$ 也必然是。哈密顿不喜欢复数的概念，他认为复数 $a + ib$ 不过是遵循特殊乘法和加法的数偶，可以看作是二元数 (a, b)。受此启发，哈密顿在研究电磁学问题时提出了四元数的概念，后来还有八元数。四元数可表为 $a + xi + yj + zk$ 的形式，后三项都是虚部，其中 $i^2 = j^2 = k^2 = -1$；$ij + ji = 0$；$ijk = -1$。就虚数意义的探索来说，欧拉居功厥伟，他的公式 $e^{i\pi} + 1 = 0$ 被评为史上最美的公式，没有之一。这个公式可以看作是 $e^{ix} = \cos x + i \sin x$ 当 $x = \pi$ 时的特例。从这个公式，数学家看到了复数带来的几何、代数、三角学之间的统一，而物理学家、工程师和艺术家则看到了圆周运动和振动之间的转化。缝纫机就是这个公式活生生的演示——脚踏板的往复运动转化成轮子的转动，轮子的转动又转化为针的上下运动（图2）。

复数带来的新数学太多也太深，那是数学家都要费力才能勉强掌握一二的。对于物理学家，复数可用来描述振动（缝纫机的踏板和针的运动都是振动），用来表述物理量，如介电常数和吸收系数等。像

---

* 这里的加号同 $1 + 1 = 2$ 中的加号意义是不一样的。请注意从物理的角度考虑加号的含义。"加"是实实在在的操作，有不同操作，就有不同的加号。一个鸡蛋加一个鸡蛋是两个鸡蛋，一个鸡蛋加一根黄瓜是一份黄瓜炒鸡蛋——如果还有油的话。当然，乘法也是实实在在的不同的物理操作。懂得这一点才能明白为什么物理上有时会把 $i^2 = -1$ 写成 $i \cdot i = -1$。后一式子的意思是两次连续操作造成对象的逆反，比如连续两次转动 $90°$ 造成矢量的反向。

图2　缝纫机。脚踏板的往复运动经过几道轮子的转动转化为针的上下运动

$T + it$ 这样把温度 T 和时间 t 纳入一个复数变量的表述，带来的不仅仅是数学的困难，还包括物理概念上的费解。但是，复数的应用极大地深化和拓展了物理学。把时空写成 $(x, y, z; ict)$ 的狭义相对论，数学结构就格外简单。而就是因为用复数描述物质波的努力，量子力学整个都是建立在复数和复函数的概念上的。

关于负数的根如何处理的问题，物理上也有一个值得深思的案例。在经典的相对论中，粒子的能量 E 与质量 m、动量 p 之间存在关系 $E^2 = p^2c^2 + m^2c^4$。若从这个关系去求能量 E，开根号时人们只保留根 $E = \sqrt{p^2c^2 + m^2c^4}$ 而把负根随手就丢掉了，因为它没意义或者说我们认为它没意义。可是在1928年，英国人狄拉克要构造满足狭义相对论的量子力学时，他是这样处理关系式 $E^2 = p^2c^2 + m^2c^4$ 的：这个关系式右边是两项的平方和，那么能否把两项平方和写成两项和的完全平方呢？

即是否有 $x^2 + y^2 = (\alpha x + \beta y)^2$ 这样的等式呢？狄拉克发现，若 α, β 是方（矩）阵，且 $\alpha\beta + \beta\alpha = 0$，$\alpha^2 = \beta^2 = 1$，就能让等式 $x^2 + y^2 = (\alpha x + \beta y)^2$ 成立。建立在这个因式分解上的相对论量子力学得到的结果是惊人的：它证明电子确实是有自旋的，宇宙中存在反粒子。当然，还有很多很多高深的物理。

本篇关于虚数的故事有很多公式，读者不必都要试图去理解。读者只需记住一点，很多"吓人"的学问，比如复分析、（相对论）量子力学什么的，其之所以成为可能都是因为十七世纪时一个天才的念头：**把负数的平方根留下**。在太多的中外文书籍中，虚数 i 的引入都被描述为是用来表示 $x^2 = -1$ 的根的。读了本篇文字后你会了解，天底下哪里有这么便宜的事情。对于虚数 i 这样的不可思议的对象，不经过一番天才们头脑中的暴风骤雨它怎么可能会诞生？更重要的是，一个科学概念的诞生，必定有它诞生的需求和氛围，也必然有与它相称的离奇曲折。

参考文献

[1] Chris Doran, Anthony Lasenby. Geometric Algebra for Physicists. Cambridge University Press, 2003.

[2] Paul J. Nahin. An Imaginary Tale: The Story of $\sqrt{-1}$. Princeton University Press, 1998.

[3] Mario Livio. The Equation that Couldn't Be Solved. Simon & Shuster, 2005.

　　笛卡尔（René Descartes，1596—1650），法国作家、数学家与哲学家。他引入的笛卡尔坐标系将代数与几何统一起来，是数学史上不多的重大事件之一。笛卡尔被誉为"西方哲学之父"，出自其著作《方法论》的名言"我思故我在"至今仍深深地影响着愿意思考的人们。

笛卡尔——苍蝇与坐标系

记得是在读初三的时候，笔者接触到了解析几何。引入直角坐标系，则几何对象可以用代数的形式表达出来，比如 $x^2 + y^2 = a^2$ 代表圆，$\frac{x^2}{a^2} + \frac{y^2}{b^2} = 1$ 代表椭圆。要找到一条直线和一条抛物线的两个交点，你要做的是联立求解一个二元一次方程和一个二元二次方程。Wow，好神奇。这么美妙的主意是谁想起来的？愚笨的我，连这个问题也是在读完博士的时候才想起来问的。这个直角坐标系又被称为笛卡尔坐标系，可在笔者接触到的西文文献中，它被写成"Cartesian coordinate system"。"Cartesian"？它的发音和"笛卡尔"相差很远呀。

引入直角坐标系研究几何的天才数学家笛卡尔是法国作家、数学家、哲学家。其法文姓名为"René Descartes"，拉丁化的姓名写法为"Renatus Cartesius"。汉语的"笛卡尔"是对"Descartes"的音译，而笛卡尔坐标英文写法"Cartesian coordinate system"中的形容词"Cartesian"则来自拉丁文形式的"Cartesius"，所以显得有点儿乱。

笛卡尔在世界知识界都是个响亮的名字，其原因之一是他的名言"我思故我在"，这句话他用拉丁语"Cogito ergo sum"和法语"Je

图1 "我思故我在"的拉丁文书法

pense, donc je suis"多次表述在他的著作中。我思故我在，即"我在思考这件事本身证明了我的存在"，或者按照笛卡尔的说法，"我们不能在怀疑（其它事物）的时候还怀疑我们自身的存在"。此一命题后来成了西方哲学的基本要素。我有时想，如果用毛笔写幅"Cogito ergo sum"（图1），往书房里那么一挂，什么样的土豪还能坚持不散发学贯中西的气息？

作为哲学家的笛卡尔一定有喜欢思考的习惯。他甚至还宣称对于任何落入他的视线的事物都要思考一番，从而从中获得教益。当然，他还是数学家，因此他的思考也总带有数学的色彩。如同吃货的眼中什么都是美食，在笛卡尔的眼中一切都是数学。"Omnia apud me mathematica fiunt（对我来说一切都能变成数学问题）"，这么震撼的口号也只有笛卡尔能喊得出来。笛卡尔精通几何和代数学，用 x, y, z 代表未知数，用 a, b, c 代表已知量这种约定就是笛卡尔引入的。笛卡尔的思考习惯同他的数学眼光相结合，为人类带来了一项宝贵的数学遗产——直角坐标系。

传说某一日，少年笛卡尔躺在床上，任思绪在抽象的世界里飘荡。忘了介绍了，笛卡尔因为体弱，有上午11点才肯起床的习惯。这时，一只苍蝇，一只如果有姓名肯定会被载入人类历史的苍蝇在嗡嗡乱舞，不停地在天花板上变换着歇脚的位置。笛卡尔盯着这个苍蝇看了一会儿，也许有了要把这讨厌的苍蝇赶走的想法。但是，笛卡尔是数学家兼哲学家呀，他把这个想法不是变成行动而是变成了一个数学问题：如何精确地给这只苍蝇定位呢？如果选择某点（比如屋角）作为参考点，那么只要数清楚沿东西向经过几格天花板，沿南北向经过几格天花板，就能给苍蝇定位。也就是说，你只要选定一个参考点和两个方向（不一定非要是垂直的，不重叠的就行），那么用两个数就能给平面上的点定位。这就是笛卡尔坐标系的概念（图2）。有了笛卡尔坐标系，几何和代数有了

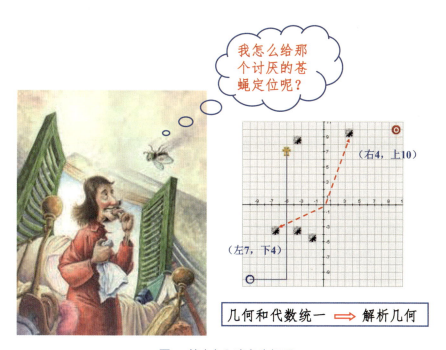

图2 笛卡尔和直角坐标系

联结，从此有了解析几何这个数学领域。有了用代数分析几何的基础，几何才能向高维、抽象、弯曲空间的方向上发展。解析几何把代数的分析工具和几何的直观结合起来，提供了视觉化代数方程的途径。中国有句古话，说"天不生仲尼，万古如长夜"，想象一下，如果没有直角坐标系，今天人类的自然科学会是什么样子？

笛卡尔每天要到上午11点起床的习惯，总让笔者想起法国作家普鲁斯特（Marcel Proust）的小说《追忆似水年华》（*À la recherche du temps perdu*）中每天很早就要躺到床上愁肠百结的主人公。"有很长一段时间里，我都是早早地就躺下了……半小时之后，我才想到应该睡觉；这一想，我反倒清醒过来。"躺在床上，让思维的野马自由驰骋，是职业思考者的好习惯。不过，笛卡尔的这个习惯最终害了他。1649年，笛卡尔接受了年轻的瑞典女王克里斯蒂娜的邀请，到斯德哥尔摩做她的私人教师。这位高贵的女生每天早上5点起床，并要求老师那时就开始授课。可怜的笛卡尔哪里经受得了这样的生活，不久就病倒了。1650年2月，年仅54岁的笛卡尔病逝在斯堪的纳维亚半岛的冰天雪地里。一颗科学的巨星就这样陨落了。

如果假以天年，笛卡尔还会给我们带来什么样的惊人之作？

笛卡尔的深邃思想在其身后不知影响了多少愿意思想的头脑。世界人民怀念这位伟大的思想者，不仅继承发扬他的思想，还把他的形象印到各种书籍、衣衫、钱币、邮票上（图3），激励着一代又一代的人们去探索自然、探索人的内心世界，昭显"思想者永恒"的拙朴道理。

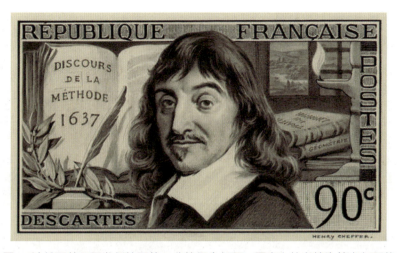

图3　法兰西共和国发行的面值90分的纪念邮票，图案上的书籍为笛卡尔所著的《方法论》和《几何学》

　　伽利略（Galileo Galilei，1564—1642），出生于意大利的比萨，数学家、物理学家、天文学家、工程师和哲学家，是现代科学，尤其是物理学的奠基人之一。伽利略善于构思实验，并能从粗糙的实验结果中提取出深刻的思想。他的研究极富传奇色彩，在科学史上，关于伽利略的内容绝对是不可多得的华丽篇章。

伽利略——从粗糙观察到精致定律

有些人生来就是为了让别人相信天才的存在的。伽利略算一位，而且是那种全能型的。后世的牛顿、庞加莱也是。

伽利略出生于意大利的比萨，是数学家、物理学家、天文学家、工程师和哲学家。他是现代科学，尤其是物理学的奠基人之一。伽利略认为观察在科学中具有至高无上的地位，而自然的规律本质上是数学的："（宇宙）是用数学的语言书写的，所使用的字符就是三角形、圆以及别的几何图形……"伽利略善于构思实验，并能从粗糙的实验结果中提取出深刻的思想，得出精致的定律。他的研究极富传奇色彩，在科学史上，关于伽利略的内容绝对是不可多得的华丽篇章。

传说在1581年，17岁的伽利略在教堂里漫不经心地看着那里发生的一切。教堂顶上的吊灯引起了他的兴趣（图1）。他发现，吊灯因为人或者风的因素，会有规则地来回摆动。如果用脉搏作为基准的话，吊灯来回摆动的时长是差不多的。灯里的油会慢慢变少，但摆动的时长不变。于是，他得到了摆动周期与摆体质量无关的结论。另一方面，如果灯油燃烧殆尽，则吊灯要被放下来添油，这造成了摆长不同的情形。伽利略

图1　伽利略在观察吊灯。需要经常添油的吊灯构成了
一个摆长和摆锤重量可变的单摆

发现，摆动周期同摆长成正相关：摆越长，摆动周期越大；前者与后者的平方成正比。用公式表示，就是 $\tau^2 \propto l$。实际情况是，伽利略后来在帕多瓦大学当教授期间对单摆周期的等时性以及其它相关问题进行过长期的实验研究。有了关于吊灯这样的单摆的研究，以及惠更斯关于钉在摆线（cycloid curve）上的单摆的研究，西方才获得了摆钟的理论基础，人类从此进入了精确计时时代。没有对时间的大致精确测量，表示为关于时空的微分方程的所谓物理理论都是摆设。当然，有了对时间的精确测量，你才会理解为什么那些物理理论不过是一种便捷的构造而已。

伽利略对望远镜的把玩深刻地改变了人类社会的历史进程。人的眼睛都是平置的，不是一前一后的，因此由两片透镜构成的眼镜也是平置的。1608年，荷兰的眼镜制造商把眼镜片一前一后把玩，发现可以看到远处的风景。1609年，伽利略听说了荷兰人的发明，很快他也做出了一台自己的望远镜，据说放大倍数约为40倍。别人用望远镜也许观望了远处的风景，可是伽利略把他的望远镜稍稍往上抬高了一点儿，瞄准了那个离我们最近的天体，那个我们寄予了无限浪漫情怀的婵娟——月亮（图2）。出乎意料的是，他看到月球的表面坑坑洼洼，斑痕累累。西方宗教世界的支柱性概念——完美的天国，天国的完美——瞬间崩塌了。摆脱了宗教对人类思想的桎梏，西方社会才真正走出愚昧，进入了文明时代。当然，伽利略还观察了更多的天体，发现了太阳的黑子、木星的四个卫星，并且研究了金星的相位等等。这些观测结果必然地导致了伽

图2　伽利略用自制的望远镜观测天体

图3　伽利略被罗马教廷的宗教裁判所审讯

利略支持哥白尼的日心说，因此惹恼了罗马教廷。伽利略后来曾被罗马的宗教裁判所讯问（图3），并被软禁在家中。

伽利略是一个不信奉权威的人。在他那个时代，关于运动的描述是存在了两千年之久的、源自亚里士多德的信条：越重的物体下落越快。10倍重量的物体，其下降的速率也是10倍。（其实这种表述很含糊，因为速率是什么，那时候也没有明确定义。）伽利略对物体下落的观察让他确信这个信条是错误的。据说，1591年某天，伽利略登上了比萨的斜塔，在众多看热闹的人的注视下，放飞了两个重量相差几倍的铅球（图4）。这两个铅球同时落到了地面，无情地批驳了亚里士多德关于落体的信条。有必要提醒各位，判定两个铅球同时落地是不现实的，甚至在物理上是永无可能的。对伽利略来说，重要的是实验结果表明不同重量的铅球其下落速率差不多，而不是和铅球的重量成正比！做实验要针对问题的实质，而不是纠缠于一些无谓的精度，关于这一点，伽利略给我们上了生动的一课。1591年的伽利略不过27岁，他后来关于运动的研究，不仅一如既往地在定性上表现深刻，也逐渐地让运动定律有了定量的内容。

图4　传说中的伽利略比萨斜塔实验

从教科书学习经典力学的人，会以为落体运动的规律 $h = \frac{1}{2}gt^2$ 是利用牛顿第二定律解匀加速运动的结果（至少笔者当时是这样想的）。其实不是。落体运动规律是伽利略在1604年左右从实验中总结出来的。为了能够获得足够长的测量时间，伽利略把落体实验安排在小角度的斜劈上。他甚至把斜劈的锐角做到了17°。伽利略的这个实验设计，我愿意把它看成是最天才的——他可是在一个没有钟表的时代！伽利略在斜劈上每间隔一定距离安装一个金属件，让金属球沿着斜劈滚下时会发出"咔哒咔哒"声

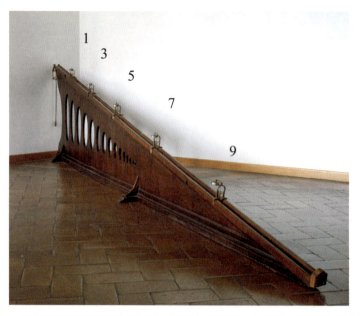

图5　伽利略研究落体运动的斜面，斜面上端系着一个单摆，可以用来计时

（图5）。调节小金属件之间的间距，使得金属球滚过时发出的"咔哒咔哒"声之间的时间间隔是相等的——这个相等的时间间隔伽利略是用自己的脉搏来判断的，当然这只能是很粗糙的。（**用任何形式的钟表，其判断也都是粗糙的！用很多钟表判断时间可能会把人逼疯。请由此思考时间和时间测量的本质。**）伽利略测量在相等的时间间隔内金属球滚过的距离，即金属件之间的距离，发现这些距离之比约为1:3:5:7:9…。熟悉数列的人都知道，奇数数列到某一项的总和与项数的平方成正比。金属球滚到某个金属件的距离即正比于这个数列前几项的和，而所用的时间正比于那个金属件的序数，因此有关系 $l \propto t^2$。这就是落体运动的规律 $h = \frac{1}{2}gt^2$ 的前身。注意，这里更重要的一点是**对数学的理想化和基于美学**

思想的判断。想象一下，如果是如今的所谓精确测量，测得的距离之比为1:2.971:5.027:7.136:8.891…，且数据直接交给了数据处理软件，不知道还能得到落体定律否？

伽利略的另一个伟大的成就是惯性定律的总结，当然也是来自对实验观察的理想化。让一个有一定质量的球从一个斜坡上滚下来，经过一段光滑的平台，滚上对面的斜坡。在斜坡的表面和平台的表面很光滑因而摩擦很小的情形下，球从一个斜坡上滚下时的高度与它在对面斜坡上能爬上的高度近似相等。为了爬上相同的高度，如果这个斜坡的坡度越小，则它要在斜坡上爬过的距离就越大。这时，伽利略发挥了他理性思维的能力，问：如果斜坡的坡度为零，即落下的球沿着平面往前滚动的话，它的运动状态会是怎样的呢？为了上升到其下落的高度，它就只能不停地努力往前滚动。也就是说，一个运动的物体，如果没有其它因素的影响，会一直保持原来的运动状态。这就是经典力学的第一个定律——惯性定律。后来在牛顿的力学中，惯性定律是以第一定律的身份出现的。

有了落体运动的规律和惯性定律，伽利略又非常有逻辑地、大胆地往前迈了一步，他把抛体运动分解成两部分：沿着初始方向上的惯性运动加上自由落体运动。如果空气没有阻力的话，这就算是弹道学的全部内容了。伽利略抛体研究的伟大意义在于认识到运动是有方向的量，是可以分解的。

伽利略是科学史上的巨人，他还有许多开创性的尝试，可惜由于时代的局限，未能结出硕果。比如，1638年，伽利略描述了如何安排相隔很远的两个观察者利用灯的开关来测量光速。由于光速实在太快，可以想见这个实验不可能得出什么结果。约在1593年，伽利略还可能发明了第一个验

图6　验温器

温器（thermoscope）。将不同比重的物件放入混合液体中，利用混合液体密度随温度的变化——用作指示的物件因此会停留在不同的高度上——来表征冷热（图6）。虽然这样的验温器其定量的问题还没有解决，因此它被称为"thermoscope"而不是"thermometer"（温度计），但那已是了不起的革命一步了，它开启了对温度的精确定义和测量。温度的精确测量早于热力学的建立——热力学的建立要等到1824年才开始。

1642年1月8日，伽利略在意大利托斯卡纳辞世。那一年的12月25日，在英格兰的林肯郡，他的伟大继任者牛顿来到了世上。和伽利略一样，牛顿也是一个会做实验的数学家，并且是一个能感知到冥冥之中抽象美的人。他们给我们制定了从事科学研究的规则，以及关于世界是可理解的持久信念。在伽利略身后，人类很快将迎来第一个真正成体系的科学理论——经典力学。

实验、数学与基于美学原则的判断，是构造正确物理学的三要素。这是伽利略的事迹给笔者的启发。

参考文献

[1] Galileo Galilei. Two New Sciences. University of Wisconsin Press, 1974.

[2] William H. Cropper. Great Physicists. Oxford University Press, 2001.

　　开普勒（Johannes Kepler，1571—1630），德国数学家和天文学家，十七世纪科学革命的关键人物。开普勒给出了行星运动的三定律，还试图用原子堆积模型解释物质的性质。他关于铺排方式的研究影响了几何学、晶体学等多个领域的发展，关于铺排问题的"开普勒猜想"到1998年才被解决。

开普勒——行星运行定律与雪花模型

开普勒，德国数学家和天文学家，十七世纪科学革命的关键人物，人类文明史上一座巍峨的丰碑。是他第一个猜到了宇宙的一个小奥秘，即行星在天空划过什么样的轨迹，从此人类有了一个可以量化的天空。他关于"世界是如何组装的"此一问题的研究，播下了晶体学（包括准晶）研究的种子。

行星运行三定律

很久很久以前的人类祖先，自某一天起聪明到了会因为日、月和满天的星辰油然而生敬畏之情与好奇之心。在白天，天空中只有太阳、月亮和寥寥的几颗星星；而在晴朗的夜晚，繁星缀满了天空。人们发现天体——天空中的物体（celestial objects），其位置基本上都是固定不动的（就那时人类的观察和分辨能力而言）。可是，有不多的那么几个，包括太阳、月亮这两个大块头以及水星、金星、火星、土星、木星这几个小不点儿，其位置的变动可以轻松地为肉眼所观察到。西方人将这些星体称为"行星"（planet），西文原意为"流浪者"*。如同流浪者在雪地上留下了脚印，行星在天空也留下各自的轨迹。那么，行星的轨迹是什么样子的呢？如何描述那些轨道的性质呢？显然，"日月经天"式的含混表述是不足以令人满意的，人类需要一个能够量化的天空。

开普勒很早的时候就接触到了天文学，终其一生他都保持了对天文学的热爱。据说他六岁的时候就由母亲带着到高处去观察1577年光临的大彗星。大学时期，开普勒学习了关于行星运动的托勒密体系和哥白尼体系，毕业后接受了数学和天文学教师的位置，其后一直试图构造宇宙的几何模型。开普勒有个强烈的信念——上帝是根据一个可为人理解的几何方案创造了世界的，而通过理性之光人们可以达成对这个方案的了解。开普勒的著作《宇宙奥秘》（*Mysterium Cosmographicum*），代表着对哥白尼天文学理论进行现代化的第一步（图1）。哥白尼的理论虽

图1　《宇宙奥秘》原版书封面

---

* 今天的行星概念已经不包括太阳和月亮了。行星指所有不发光的、绕恒星运转的星体，可能有自己的卫星（moon）。我们居住的太阳系的八大行星包括水星、金星、地球、火星、木星、土星、天王星和海王星。

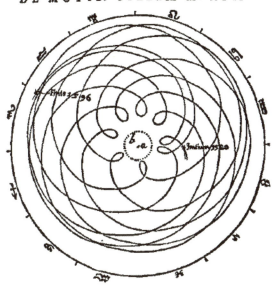

图2　以地球为参照点的火星轨道

然倡导日心说的观点，但他仍然使用托勒密的那套工具，包括均轮、本轮（epicycle-on-deferent）之类的概念，并且是把地球轨道的中心当作参照点的（这不奇怪，毕竟对于行星的观测是在地球上进行的）。以地球为参照点的火星轨道如图2所示，此图取自1609年出版的《新天文学》（*Astronomia Nova*）。若要给这样复杂的轨道找到数学方程，绝非常人所能。

开普勒辉煌的事业始于1600年，那一年他去到了第谷在布拉格的天文台，帮助第谷分析火星的观测数据。1601年，开普勒接替去世的第谷以完成其未竟的事业，这让他接触到了第谷的全部第一手观测数据，并通过各种尝试对数据进行模型化。有一天，开普勒发现若以太阳为参考点重新考察行星位置的观测数据，复杂的火星轨道会呈现出一条简单闭合的曲线，这使得他后来能为行星运行找到形式简洁的数学规律。

在开普勒的宇宙宗教观中，太阳是太阳系中动力（motive force）的源头。太阳"散发"的力量随距离的增大而减弱，这造成了行星在远地点、近地点上的或慢或快。1602年，他得到了这样的结果：行星在相同的时间段内扫过同样的面积。这就是所谓的行星运动的开普勒第二定律（图3）。

可是，轨道整体上到底是什么样子的呢？或者说是什么样的数学曲线呢？

开普勒接下来在假设轨道是卵形线的基础上，试着计算出火星的整个轨道来，但是总不成功。1605年，开普勒灵光一现，想到了椭圆。椭圆轨道很好地拟合了关于火星的观测数据。他进而得出结论：所有行星都沿着

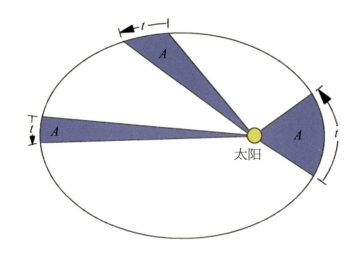

图3 开普勒第一定律和第二定律的图解。行星沿着以太阳为焦点之一的椭圆轨道运行，在相同的时间内总扫过同样的面积

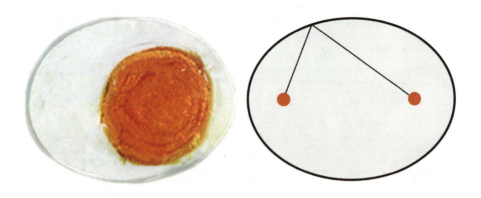

图4　一个中心的腌蛋模型和两个中心的椭圆

太阳为其焦点*之一的椭圆轨道运行，这就是所谓的行星运动的开普勒第一定律。开普勒在《新天文学》一书中谈到了这两个定律的发现。

　　我们看到，拟合火星轨道观测数据成功与失败的关键是采用卵形轨道还是椭圆轨道的假设。首先，采用卵形轨道直观上是非常合理的。太阳是行星环绕的中心，是"唯一"的。切开一颗腌（鸡）蛋，你很容易看到"一个"红红的蛋黄处于稍尖的一头，蛋白的外缘优雅地环绕着蛋黄，呈由远渐近的轴对称分布。这分明就是一个现成的行星-太阳体系的模型（图4）。但是，开普勒花了大约五年的时间才放弃卵形轨道，一个重要的原因是那时候还没有卵形线的方程——卵形线方程还得再等200多年，直到另一个天才麦克斯韦的出现。我不能想象那五年里开普勒进行的是怎样艰难的计算。另一方面，据说椭圆是曾被以前的天文学家认为太简单而被忽视了的。笔者猜测，椭圆，如果我们从它是到两点的距离之和为常数

---

* 焦点是对 focus 的翻译。在西语中，focus 的本义是"炉子"，这活脱脱就是太阳在太阳系中的角色。

图5　太阳系的行星。轨道越大的行星，其运行周期越长

的点之集合这个角度来看的话，是很难被当作行星-太阳体系的模型的。两个焦点，两个吸引中心*？哦，不，我们这里只有一个太阳。

　　1618年，开普勒通过尝试不同的组合，得出了"行星轨道的周期的平方（正比于）同其平均距离的三次方之比为常数"（图5）的结论，此即为行星运动的开普勒第三定律。没有关于开普勒如何得出这个结果之细节的记录。但是，有一点似乎是可以肯定的。开普勒是在把玩、组装几何体时得到这个想法的。开普勒有一种信念：几何物体为造物者提供了装饰整个世界的模型。1619年，开普勒出版了*Harmonices Mundi*（英文名*Harmony of the World*）一书。这本书的书名被随意地汉译成"世界的和谐"或者"世界和谐论"，**皆是不通之论**。"Harmony"来自希腊

---

* 两个吸引中心的模型可用来描述氢气离子——一个由两个质子和一个电子组成的体系。椭圆不是电子的轨道，而是和双曲线一起构成关于平面的坐标系，类似北京的"环路＋弧形连接线"的道路设计。这样的坐标系给出了这个问题的一个直观上非常合理的解。另外要记住的一点是，开普勒的椭圆其实也不是代表性的行星轨道，而是特例中的特例。爱因斯坦的广义相对论会表明，离太阳最近的水星的那个看似疯狂的轨道，才是更正常的。此是后话，不多展开。

语动词ἁρμόζω，本义是"安装、装配"的意思。其作为抽象名词或者形容词形式所指代的"安装得当"才对应汉语的"和谐"。*Harmonices Mundi*一书从几何学的角度谈论世界是如何组装起来的。在该书的最后一章，开普勒给出了行星运动的第三定律。开普勒关于世界之如何装饰或者组装的研究，在意想不到的地方影响了现代科学。

六角雪花与正五边形地砖

如果说在毕达哥拉斯的眼里，造物主是数，那么在开普勒眼中，造物主就是个几何学家。物理的世界同几何的关系一直萦绕在开普勒的脑海里。早在1611年，开普勒就出版了一本24页的小册子《六角雪花》（*Strena Seu de Nive Sexangula*），试图用小球的堆积模型（图6）来解释雪花的六角形貌（图7）。小球的堆积当然不足以解释雪花的六角形貌——实际上，虽然自1885年美国农民本特利成功获得雪花照片以来，科学家投入了大量的精力进行研究，今天人们依然对雪花的生长过程不甚了了。但是，可以说开普勒的研究播下了晶体学的种子——原来晶体的几何形状是可以用小球的堆积方式加以解释的。此外，开普勒的研究提出了一个重要的数学问题，今天人们称之为"开普勒猜想"，即对

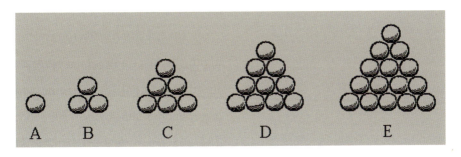

图6　开普勒《六角雪花》一书中的小球堆积模型

图7　雪花片片各异，但却有个共同
　　点——它们都是六角的

全同的球体来说，六角密堆积是最致密的堆积方式。在平面情形下，六角密堆积就是图5中的堆积方式，每一个小球（或者圆盘）被六个同类所紧密包围。三维空间的情形由图5中那样的层状结构堆积而成，第二层的小球落在第一层小球堆积的缝隙处，第三层的小球落在第二层小球堆积的缝隙处，但是有两种可能性：要么在第一层中小球的正上方，要么和第一层的小球也错开。有兴趣的读者不妨用硬币和玻璃球自己演示一下，或者到水果店去看看桔子的摆放。问题是，怎么证明这样的堆积方式是最致密的呢？这个看似简单的问题困扰了数学家将近四百年。二维情形的证明是图（Axel Thue）1909年给出的〔见 Axel Thue, Über Annäherungswerte algebraischer Zahlen (论代数数的近似值), Journal für die reine und angewandte Mathematik, 1909, 135: 284-305〕；三维情形的证明是海尔斯（Thomas Hales）于1998年提

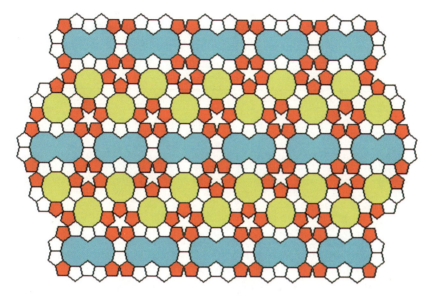

图8　正五边形总是无法铺满平面

交的。三维情形的证明笔者没读过，不敢评论，但是二维情形的证明出人意料而又简洁明了，不愧是神来之笔。图关于开普勒猜想的证明，以及牛顿关于开普勒第一定律的证明，都是利用平面几何知识，其所展示的平面几何之威力与魅力，让笔者有醍醐灌顶的感觉。

　　笔者猜测，应该是在研究六角雪花的同时期，开普勒注意到了平面铺排中的一个怪现象。读者可能也都注意到了，用三角形、平行四边形（菱形和正方形是特例）或者正六边形的地砖可以铺满平面，但是用正五边形的就不行——市场上就没有卖正五边形地砖的。开普勒尝试了许多正五边形的铺排方式，发现总要留下一些空隙（图8）。这个看似失败的研究引起了后代科学家的好奇，并最终产生了意想不到的结果。二十世纪七十年代，英国科学家彭罗斯（Roger Penrose）用两种不同的地砖铺满平面，使得整体图案具有五次对称

图9　开罗铺排，五边形铺满平面的方式之一

性，即关于一些点转过 $\frac{2\pi}{5}$ 的角度而图案不变。1984年，以色列材料学家谢希特曼（Dan Shechtman）首次观察到了内部原子结构可能呈五次对称的合金，开启了准晶的研究并最终获得了2011年的诺贝尔化学奖。最奇妙的是，人们后来发现自然界中本来就有准晶结构的矿物。

另一方面，用五边形铺满平面的问题一直激发着人们的兴趣。假设我们放弃正五边形的要求，那么什么样的五边形可以铺满平面呢？到目前为止，人们已经发现了14种可行的方案（图9）——哦，不，2015年本书在修改的过程中人们发现了第15种。也许还有更多的五边形铺排方案等着人们的发现。或者，读者朋友们，你能给出一个普适的公式告诉人们什么样的五边形可以铺满平面吗？

大师的影响深远、广泛，且会漫延到完全意料不到的地方。

开普勒一生做出了许多非凡的发现。他在做出那些非凡发现时该会有怎样的心情呢？在《开普勒全集》第十八卷中有一段文字，读来让人血脉偾张。他写道："十八个月前我第一次瞥到一丝亮光，三个月前我看到了曙光，几天前，太阳，这最值得以景仰之情仔细观瞧的太阳，掀去盖头照耀了我。没有任何力量能阻止我；我要纵情享受我神圣的狂喜；我要自所有的人类中胜出，坦然宣称我盗取了埃及人的金瓶，为我的神在远离埃及的疆域建立起了神龛。如果您原谅我，我会快乐；如果您生气，我也经受得了；骰子已经掷出，书已经写了，现在有人或者后世的人们会读它，我才不管是谁呢；也许要等一个世纪才能等到一个读懂它的人，上帝也是足足等了六千年才等到某个能看透他的杰作的人。"[*]

什么时候人类能再产生一个开普勒，再为我们演示一次他是如何揭示自然的奥秘的？

后记

在撰写这一篇的时候，笔者认识上收获颇丰。撷取几例如下：

1. 在有相互作用的概念之前，人们认为作用是单向的，力是一方施与另一方的。开普勒就认为太阳是宇宙中驱动力的主要源头（principle source of motive power）。他还写道："In Terra inest virtus, quae Lunam ciet.（There is a force in the earth which causes

---

[*] 1）古埃及人信奉太阳神；2）西方宗教认为那时候离创世记约六千年；3）那个参透上帝奥秘的 someone 当然是指作者本人开普勒。

the moon to move. 地球的力量引起了月亮的运动，正如人之用力抛出了石子。）"

2. 革命不是一件容易的事情，尤其是在科学思想领域。哥白尼的日心说看似是对地心说的革命，可是哥白尼的日心说中行星运动的参考点还是选在地球上。毕竟，关于行星的观测数据是从地球上获得的。这体现了思维的惯性。不过，这倒也为愚见"**我立足处，便是宇宙的中心**"提供了一个注脚。我以为这应该是构造物理学的出发点。这话有些狂妄，但是，配上了爱因斯坦的相对论思想，一切的狂妄就都消解了，因为别的点一样也是宇宙的中心，别的参照系里也是一样的物理。

3. 腌蛋才是行星-太阳体系的最直观的模型。一个红红的中心，一头远一头近的构型，多么形象。

4. 接受椭圆轨道首先要求有更精确的数据以确定腌蛋模型的不合适，因为行星（特指金星）的轨道不是一头大一头小的模样。但是，真要接受椭圆模型，也不是一件易事。椭圆模型虽然很好地和观测数据相吻合，但椭圆存在两个中心，而非如太阳系那样只有一个中心，这一点不知是否曾让开普勒犯过嘀咕？后来，有了牛顿力学，我们可以证明，行星运动的轨迹包括双曲线、抛物线、椭圆、圆、直线和点（后两种情形不太好算是行星轨道了）等看似不同的形状，且椭圆和抛物线可以针对一个点（焦点，focus）和一条线（准线，directrix）来定义，椭圆的两个中心就不是什么问题了。

5. 椭圆可以从一点出发定义。但是，既然有从两点出发的关于椭圆的定义，在物理体系中就一定会有它的体现。氢分子离子、地球-月亮-人造卫星体系，就是关于两个吸引中心的运动问题。在这里，两个中心的存在，使得电子或者人造卫星运动在一个有结构的空间中。关于这个空间结构的描述，或者坐标系，就应该和椭圆有关。使用椭圆-双曲线坐标系，这类问题有相对简单的解的形式。这正验证了这样的观点：物质的存在决定了空间的结构。为什么是质量决定了空间的形式呢？氢分子离子的问题就和质量没关系（确切地说质量是个次要的参数），此处是电荷的存在决定了空间的形式。

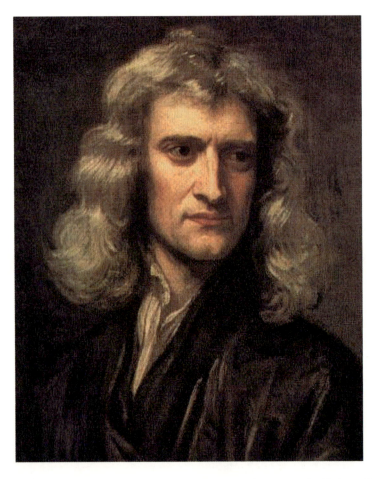

　　牛顿爵士（Sir Isaac Newton，1643—1727），英国数学家、物理学家和天文学家。牛顿是数学和物理学的开创性人物，他的《流数术》和《基于无穷多项式的分析》开启了微积分这个数学领域，而其《自然哲学之数学原理》则奠定了经典力学的基础。此外，他还第一个观察记录了棱镜对日光的折射，提出了光的微粒说。牛顿被认为是人类历史上最伟大的科学家。他的墓志铭是英国诗人亚历山大·蒲柏（Alexander Pope）仿照《圣经》的第一句撰写的："Nature and nature's laws lay hid in night; God said 'Let Newton be!' and all was light.（自然和自然的定律隐藏在暗夜中；上帝说'让牛顿来吧'，于是宇宙一片光明。）"

牛顿——二项式与苹果

牛顿是一个当今世界人人都要熟悉的人物，所以关于他的生平、轶事之类的内容就不必多费笔墨了。让我们直奔他的两项伟大成就，微积分与牛顿力学，看看是什么激发了他的灵感，而牛顿又是如何将灵感的火花拓展成学问的体系的。

二项式展开与微积分

英文里提及微积分，会用 the calculus 的说法，就像提及欧几里得的《几何原本》会用 the elements 一样。加上定冠词 the，就强调了所指内容是令人崇敬的独特存在。微积分在过去对许多人来说就是高深学问的代称，也许这种局面还会持续很长时间。

英文中，"积分"一词是 integral calculus，"微分"是 differential calculus。中文把 calculus 翻译成"微积分"，其实这个词本义应该是"计算、一种计算体系"。求极值，以及求二维几何体的面积和三维几何体的体积等问题，是一些古老的问题。古代中国人、希腊人早就得到了一些结果。在十七世纪后半叶，关于无穷小分析已经有了很多的观点、方法和具体发现，是到了有人将之组织成一门崭新学问的时候了。德国的莱布尼茨于1684年发表了一篇求最大、最小和切线的新方法的文章，其中用到了"calculi"一词。等到1696年法国人洛必达（Guillaume de L'Hôspital）写出了第一本这方面的教科书，"微积分"，the calculus，就成了这门新学问的名字。

虽然历史上有牛顿和莱布尼茨关于微积分发明优先权的争论，但有一点是肯定的，牛顿是研究和发明了微积分的。那么，牛顿发明微积分的关键一步是什么呢？是对二项式展开的推广。

二项式展开，我们在初中就开始学了，对下面的公式大家都很熟悉：

$$(x + y)^1 = x + y$$
$$(x + y)^2 = x^2 + 2xy + y^2$$
$$(x + y)^3 = x^3 + 3x^2y + 3xy^2 + y^3$$
$$(x + y)^4 = x^4 + 4x^3y + 6x^2y^2 + 4xy^3 + y^4$$
$$\cdots\cdots$$

只要愿意，可以得出任意次方二项式 $(x + y)^n$（n是自然数）的展开。所有二项展开式的系数被总结在杨辉三角（西方人称为Pascal triangle）中（图1）。杨辉三角很容易记：每一行都比上面一行多一项，且总是以1开始和结束，中间的数字都由上一行相邻的两个数相加得到。千万不要轻易认为你懂得了杨辉三角，这类数学对象包含内容之丰富与深刻是常人无法想象的。

二项式展开这样的知识，对我们一般人来说就是僵硬的教条。可是在牛顿眼里，知识是可以拓展、发展的，是用来超越的。伟大的牛顿就

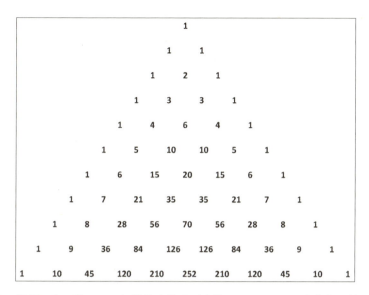

图1 杨辉三角，第 $n+1$ 行的数字就是对应的 $(x + y)^n$ 展开式中各项的系数

把前面的二项式展开公式拓展到指数是分数，甚至是负数的情形，即他不仅会展开 $(1 + x)^5$ 这样的二项式，还会展开 $(1 + x)^{-1/5}$ 这样的多项式。牛顿给出了 $(P + PQ)^{m/n}$ 的展开式的一般表达，其中 P, Q 是任意的实数，m/n 是一个分数，即

$$(P + PQ)^{m/n} = P^{m/n} + \frac{m/n}{1}AQ + \frac{m/n-1}{2}BQ + \frac{m/n-2}{3}CQ + \frac{m/n-3}{4}DQ + \cdots$$

这里的 $A, B, C, D\cdots$ 代表在该字母出现前的那一项表示。当然这样的展开包括无穷多项。牛顿用对 $(1 - x^2)^{-1/2}$ 的展开来验证他的展开式公式是否正确，他发现 $(1 - x^2)^{-1/2}$ 的展开为

$$(1 - x^2)^{-1/2} = 1 + \frac{1}{2}x^2 + \frac{3}{8}x^4 + \frac{5}{16}x^6 + \cdots$$

对这个式子的右边求平方，可以发现结果为无穷级数

$$1 + x^2 + x^4 + x^6 + x^8 + \cdots$$

大家可以自己验证这一点。这是一个人所共知的等比级数，其和就是$(1 - x^2)^{-1}$，这证明了上面的展开是正确的。世界真奇妙，而这奇妙需要牛顿这样的人去揭开蒙在其上的面纱。

这样看来，$z = A + Bx + Cx^2 + Dx^3 + \cdots$ 形式的无穷级数可以表示一般的函数 $f(x)$。牛顿进一步地发展了求逆级数的方法，即从无穷级数

$$z = A + Bx + Cx^2 + Dx^3 + \cdots$$

出发，去得到级数

$$x = A' + B'z + C'z^2 + D'z^3 + \cdots$$

二项式展开公式的推广和求逆级数的方法，是牛顿发展微积分的重要工具。

有了这样的二项式展开，牛顿要证明曲线 $y = ax^{m/n}$ 在0到任意x（$x > 0$）的一段内所覆盖的面积为

$$\frac{an}{n + m} x^{(m+n)/n}$$

牛顿关于这个问题的论证过程给人以杂乱无章的感觉，且包含很大的逻辑漏洞，因此被誉为是"一种简洁的难以理解的形式"。不管怎样，牛顿的这个论证，用现代数学语言可表述为：对于任意实数a，函数$y = x^a$ 的一阶微分为 $y' = ax^{a-1}$。有了这个关系，微积分的发展算是踏上了平坦大道。

在牛顿那里，微分被称为"流数术"（fluxion），积分被称为"逆流数术"（the inverse method of fluxion）。fluxion，和其它表示流动的英语词如flow（流动）、fluctuate（涨落）、flux（流量）等是同源词，都和流动或者速度有关。把位置随时间的变化当作时间的函数，这个函数的"流数"，或者微分，就是速度。万物皆流，物理学的方程，本质上

就是流的方程。

苹果与万有引力

关于牛顿，有个神奇的传说，说牛顿某日坐在苹果树下，一个苹果碰巧掉到了他的头上，这让他顿悟了万有引力的奥秘。这个传说有人说是虚构的，但也见于他的熟人后来的文字记述中。但是，因为牛顿的巨大影响力，人们倒是宁愿相信这个传说是真的。牛顿的母校剑桥大学的三一学院就种了这么棵牛顿的苹果树（图2），说是曾经给牛顿带来灵感

图2　剑桥大学三一学院里后来种的苹果树

的那棵苹果树的后代。这是一个关于伟大发现时刻抑或是带来伟大发现之灵感的符号。人们很容易就引种了牛顿的苹果树的后代，但能砸出灵感的苹果一直没能等到牛顿那样的能砸出灵感的脑袋。

且不说是否有这样一棵苹果树——那树上的某个苹果掉到了牛顿头上激发了牛顿的灵感，从而使他参透了万有引力的奥秘，可以肯定的是，牛顿在研究行星运动的规律时，是注意到了地球上的落体运动的，而成熟果子的掉落是再自然不过的自由落体运动。实际上，早在牛顿出生之前，落体定律已经由伽利略得出，而行星运动三定律也已经由开普勒悟出。

很久以前，人们认为是力造成了运动。人类认识史上的一个伟大进步是关于惯性定律的认识。物体都有惯性，不受外力的物体保持静止或者匀速直线运动（这一点后来被表述为牛顿第一定律，但其实早在牛顿之前已被人们所认识）——力是运动改变的原因。那时候，人们谈论的力是压力、摩擦力、推力这类通过接触才有的力。

天上行星的运动让无数人好奇，历史上许多古老的文明都有关于行星运动的观测记录。开普勒于1609—1619年间基于第谷的观测数据，把太阳当成是行星运动的参照点，从而总结出了著名的行星运动三定律。其第一定律说行星在以太阳为焦点之一的椭圆轨道上运动，第二定律说行星在单位时间内相对太阳扫过相同的面积。为什么是这样？或者说是什么形式的力让行星采取这样的运动形式？人们想回答这样挑战性的问题。

行星向前飞行，还不断地改变其运动的方向和快慢。一个直觉的想法是，有一股指向前方的拉力牵着行星往前运动。可这个力从哪里来？如果有，那么这个力的来源一定不是接触力，而应该是一种远距作用或者超距作用（action-at-a-distance）。认识到存在超距作用是人类认识史上的一大进步。那么这种超距作用力又该是什么样的？

也许真的是落下的苹果给了牛顿以灵感。苹果一旦脱离了和树的连接，就立即直往下朝地面落，说明地球对它的超距作用一直都在。也许地球对天上的月亮、太阳以及那些星星都存在这样的超距作用，当然太阳也应该以这样的超距作用影响着行星的运动。另一方面，苹果掉到脑袋上砸得脑袋疼，那是因为脑袋挡在了它的去路上。如果没遇到人的脑袋，它会一直落到地面上。如果没有地面或者在地面上掘口井，苹果则会一直朝下落去。老天，那苹果会一直落到地球中心去。那个超距作用力，具体地说，地球对苹果的吸引力，是一直指向地球中心的！此时，牛顿该是悟到了引力或者重力的真谛：引力存在于所有物体之间，是超距作用，是有心力。

那么，假设太阳和行星之间存在的引力是有心力，这能解释观测到的行星轨道的性质（即开普勒三定律）吗？牛顿假设物体间的引力是沿两者连线的有心力，且大小与距离平方成反比，他用平面几何证明了这样的行星轨道确实是以太阳为一个焦点的椭圆。有了这个结论，开普勒第二、第三定律的证明就好办了。牛顿关于开普勒第一定律的证明被收录在他的《自然哲学之数学原理》一书中。图3所示一英镑的纸币上是简化了的牛顿证明所用的图解。笔者观此图及证明时，如赤贫之人面对二斤重的钻石，惊讶得手足无措。有人若觉得自己平面几何学得好，不妨试试看能否看得懂牛顿的证明过程。

有了微积分，有了万有引力，经典力学这门科学终于建立起来了。重要的是，牛顿的工作是理性思维的典范。牛顿出生时，科学在西方世界还没能取得对中世纪愚昧的优势地位，到他去世时，西方已经步入理

图3 一英镑纸币背面的牛顿和他的典型事迹。左上部分的图案和图中牛顿所持书中图案一致，是《自然哲学之数学原理》中关于有心力下行星轨道为椭圆的几何证明

性时代，牛顿于此厥功甚伟。

牛顿给笔者最深刻的启示是，一个伟大的科学家不仅要有深刻、大胆的思想，还要有证明自己思想正确的能力。

参考文献

[1] Gottfried Wilhelm Leibniz. Nova Methodus pro Maximis et Minimis, Itemque Tangentibus, quae nec Fractas nec Irrationales Quantitates Moratur, & Singulare pro illi Calculi Genus. Acta Eruditorium, 1684: 467–473.

[2] G. F. A. Marquis de L'Hospital. Analyse des Infiniment Petits, pour l'intelligence des Lignes Courbes. Paris, 1696.

[3] William Dunham. The Calculus Gallery: Masterpieces from Newton to Lebesgue. Princeton University Press, 2005.

[4] Richard S. Westfall. Never at Rest: A Biography of Isaac Newton. Cambridge University Press, 1983.

　　哈密顿爵士（Sir William Rowan Hamilton，1805—1865），爱尔兰数学家、天文学家、物理学家，在经典力学、光学和代数学方面都卓有建树，且都是奠基性的成就。以他的名字命名的内容包括哈密顿原理、哈密顿力学、哈密顿主函数、哈密顿量与哈密顿–雅可比方程等等。

哈密顿——刻在桥上的公式

　　谁是历史上最伟大的科学家？这个问题不好回答，科学的范围太大，涉及的人与事也太多，评判的标准也各不相同。好吧，我们不妨问个简单一点儿的问题：谁是历史上最伟大的物理学家？翻开许多文献，人们会发现对这个问题的可以算是达成共识的回答是牛顿和爱因斯坦。牛顿和爱因斯坦无疑地都是非常、非常伟大的物理学家。可是，如果你熟悉哈密顿其人其事，恐怕你也会和我一样，对这个算是共识的答案感觉不是那么自信。

　　近代物理学的两大支柱之一是量子力学。量子力学，不妨把那些后来的发展包括量子场论、量子电动力学、量子色动力学也都算进去，如果你要从中选出唯一的关键词的话，应该是哈密顿量（Hamiltonian）。量子力学看起来有点儿理论的模样始于薛定谔1925年底构造的方程，但那可是自经典力学的哈密顿–雅可比（Hamilton-Jacobi）方程构造而来的。经典力学始于牛顿的《自然哲学之数学原理》，而后经过拉格朗日力学发展到哈密顿力学的形式。不过，连拉格朗日量这个概念也是哈密顿提出来的。从哈密顿力学——它扩展了可解的经典动力学问题——才可以进入统计力学和量子力学。量子力学别名波动力学，熟悉此前经典物理的人马上会想到它的先行者波动光学。波动光学和力学可是一门学问，至少在哈密顿那里是这样的，他通过对作用量变化的研究建立了光学与动力学之间的联系。

关于代数，哈密顿为了表述电磁学，苦思数年想构造出实的三维非对称域（3D skew field）而未能成功，有一天灵光一现却构造了四元数（quaternion）。实数、复数、四元数，以及后来的八元数，让数的系统变得完备起来——物理学从此才有了更坚实的数学基础，相关数学的深远意义不是笔者能评价的。四元数的三个"虚部"可以表示三维矢量，这正好用来描述刚体运动和电磁学中的电场或者磁矢势等量，矢量这个概念就是哈密顿率先作为约化的概念引入的。更进一步的几何代数，会让麦克斯韦方程组看起来很对称——实际上可以融合成一个单一的方程。这些成就加起来，足以把哈密顿的名字托举在物理学史之最荣耀处。

哈密顿，爱尔兰数学家、天文学家、物理学家，在经典力学、光学和代数学方面都卓有建树。哈密顿是个罕见的天才，表现在数学和语言等多方面。据说哈密顿13岁就学会了大量的欧洲语言、希伯来语、阿拉伯语、波斯语和梵语，晚年还经常阅读波斯语和阿拉伯语的文章以自娱。在他才刚18岁时就有人赞扬他道："这个年轻人，我想说不是将来会，而肯定是他的时代里第一流的数学家。"他对物理学的最大贡献是把牛顿力学改造成哈密顿力学形式，引入了哈密顿量和正则方程，而后来的理论物理简直不过就是构造和对付哈密顿量的事业。哈密顿在22岁时被聘为天文学教授。

哈密顿最具传奇色彩的故事是关于四元数的发现。为了理解哈密顿发现的伟大意义，当然要解释清楚什么是四元数。别害怕，有初中数学的基础就能懂。而你，肯定行的。

先回忆一下小学算术内容。算术书上说加法和乘法满足 $1 + 2 = 2 + 1$，$2 \times 3 = 3 \times 2$，这就是交换律。你肯定有点儿闹不明白了，这么简单的东西也能算是数学定律？当然，如果加法和乘法只涉及 1, 2, 3.4, 5.6 这样的实数，这什么交换律还真莫名其妙。可是随着数学研究的深入，数也变得复杂起来了。在解一元二次方程和一元三次方程时，经常会遇到负数平方根的问题。引入单位虚数 $i = \sqrt{-1}$，则代数方程所有的解都可以表示成 $z = a + ib$ 的形式，这就是复数。两个复数的和是一个复数，两个复数的乘积也是一个复数，且复数的加法和乘法仍然满足交换律，

$$z_1 + z_2 = z_2 + z_1$$
$$z_2 \cdot z_3 = z_3 \cdot z_2$$

复数有两个部分，实部和虚部，所以也称为二元数。哈密顿是在1835年，即他30岁那年，认识到复数是二元数的。把复数 $z = a + ib$ 看作二元实数 (a, b)，则复数加法可以表示为

$$(a, b) + (c, d) = (a + c, b + d)$$

复数乘法可以表示为

$$(a, b) \cdot (c, d) = (ac - bd, ad + bc)$$

明显可见，复数的这种表示无需引入特殊的单位虚数 i，而这也恰恰说明 i 的本质应该体现在算法中。

二元数的一个重要用处是表示二维平面里的矢量（位移），矢量的加法就是对应的复数加法，两个复数的乘法还能得到相应的矢量所张的平行四边形的面积。Cool！如果给单位虚数 i 再引入一个兄弟 j，$j = \sqrt{-1}$ 或者 $j^2 = -1$，那么 $T = a + ib + jc$ 是不是可以表示三维空间里的矢量呢？哈密顿觉得它应该是。

可是，哈密顿发现出大麻烦了。就算退一步引入条件ij = −ji（这样就把乘法交换律给丢了），两个三元数的乘积也不是三元数。用数学术语来说，就是三元数不是封闭的。这是怎么回事呢？或者换个问法，这可怎么办呢？哈密顿为此苦思冥想了差不多有五年的时间，一直不得其解。据说在哈密顿最终解决这个问题之前的几个月里，吃早饭的时候他的两个儿子总会问："Well, papa, can you multiply triplets？（爸爸，你会作三元数乘法了吗？）"他只能苦笑着回答："No，I can only add and subtract them.（没有，我还只会三元数的加减法。）"

1843年10月16日，当哈密顿和妻子一起走过都柏林的布鲁厄姆（Brougham）桥时，灵光闪现。为什么要把自己限制在三元数呢，可以尝试四元数呀！再为 i 引入一个兄弟 k，$k^2 = -1$，从而凑成四元数

$$H = a + bi + cj + dk$$

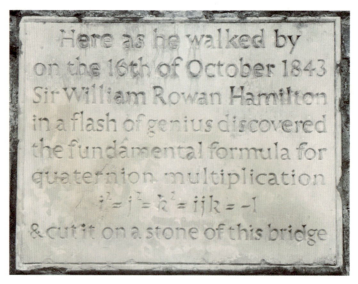

图1　布鲁厄姆桥上的纪念牌匾，文字大意是："1843年10月16日，哈密顿爵士走过此处时灵光一现，发现了四元数乘法的基本公式 $i^2 = j^2 = k^2 = ijk = -1$。"

只要有 ij = − ji, jk = −kj, ki = −ik, 以及 ij = k, 那么四元数就能构成封闭的代数, 即两个四元数的和是一个四元数, 两个四元数的乘积也是一个四元数。哈密顿太激动了, 可是他手里没有纸和笔, 于是他随手捡起一块石头, 在布鲁厄姆桥的侧壁上刻下了公式 $i^2 = j^2 = k^2 = ijk = -1$。这是一个可以和欧拉公式 $e^{i\pi} + 1 = 0$ 相媲美的伟大公式, 数学史从此翻开了新的一页。1958年, 人们在此桥上设立了刻有这个公式的纪念牌匾（图1）, 以纪念科学史上这个伟大的时刻。布鲁厄姆桥如今是爱尔兰的科普圣地（图2）。

哈密顿马上就把这个伟大发现告诉了他的朋友格莱维斯（John

图2　布鲁厄姆桥畔，人们瞻仰哈密顿刻下的公式

Thomas Graves），而格莱维斯很快就构造出了八元数（octonion），但是无论如何却无法引入十六元数。好了，我们有了一元数（普通的实数）、二元数（复数）、四元数和八元数，怎么不能进一步地引入十六元数呢？哈密顿仔细考虑了这个问题，由此注意到了代数里的加法和乘法应该满足的规律。哈密顿发现一元数和二元数满足交换律与结合律。结合律，是指对特定三个某类数来说，关系 $A(BC) = (AB)C$ 成立。四元数满足结合律但是不满足交换律，也就是说，一般来说有 $H_1H_2 \neq H_2H_1$（不满足乘法交换律的例子还有矩阵）；而八元数却连结合律也必须放弃了，即对于八元数乘法一般地不存在 $A(BC) = (AB)C = ABC$ 这样的关系。可见，数能满足什么样的性质是和其结构相关的，谈论数的时候应该把交换律、结合律写入这些数所应（能）遵从的规则里面。有趣的是，是在发展结构更复杂的数的过程中眼看着结合律和交换律逐步丧失，人们才认识到其存在的。不，是哈密顿一个人意识它们的存在的。

要说哈密顿多伟大，不提哈密顿的正则方程那就太遗憾了。哈密顿建议用粒子的位置 q 和相应的动量 p 描述粒子的运动。你只要好好观看一场足球赛就能理解这种描述方式是多么科学了。判断一个足球运动员是否优秀，当然要考察他的跑位能力，而跑位涉及在特定时刻的位置 q 以及速度 v——优秀的足球运动员在正确的时刻会出现在正确的位置且具有正确的速度（包括快慢与方向）。考虑到足球是个讲究对抗的运动，运动员的速度要乘上他的质量才好使，或者考虑到改变速度所需体力与质量有关，所以更科学的做法是用动量 $p = mv$ 替代速度 v。粒子的动力学就用位置 q 和动量 p 随时间的变化来描述，所遵循的方程就是正则方程

$$\dot{q} = \frac{\partial H}{\partial p};\ \dot{p} = -\frac{\partial H}{\partial q}$$

为什么叫正则方程呢？因为你可以对 (q, p) 作各种变换 $(q, p) \mapsto (Q, P)$，相应地 $H(q, p) \mapsto H(Q, P)$，但哈密顿说这个动力学方程的形式是不变的，即变换后系统的动力学方程是

$$\dot{Q} = \frac{\partial H}{\partial P};\ \dot{P} = -\frac{\partial H}{\partial Q}$$

形式不变！还有比要求自然遵循的方程形式不变更酷的科学吗？

参考文献

[1] Thomas L. Hankins. Sir William Rowan Hamilton. The Johns Hopkins University Press, 1980.

[2] Chris Doran, Anthony Lasenby. Geometric Algebra for Physicists. Cambridge University Press, 2003.

　　欧拉（Leonhard Euler，1707—1783），瑞士人，数学家和物理学家。除了数学的各个分支以外，他还在力学、流体力学、光学和天文学等诸多物理领域做出了奠基性的工作。欧拉研究成果之多，整个科学史上无人能出其右。欧拉于1783年辞世，但其文集至今（2015年）依然没有编纂完毕。

欧拉——柯尼斯堡的桥

在开始本篇之前，我们先朗读一句话："Read Euler, read Euler. He is the master of us all.（阅读欧拉，阅读欧拉吧。他是我们所有人的老师。）"说这话的人是拉普拉斯（Pierre-Simon Laplace），人类历史上鲜有其匹的数学家和天文学家，但是从这句话你能读出他对欧拉是多么崇敬。

欧拉，瑞士富有开拓精神的数学家和物理学家。除了数学的各个分支以外，他还在力学、流体力学、光学和天文学等诸多物理领域做出了奠基性的工作。比如，在理论力学中遇到的欧拉–拉格朗日方程就可以说是理论物理的基石。欧拉研究成果之多，整个科学史上无人能出其右。欧拉于1783年辞世，但他的文集*Leonhardi Euleri Opera Omnia*（《欧拉全集》）到今天，也就是232年之后，依然没有编纂完毕。要知道，欧拉自1766年起几近失明，但他在黑暗中依然成果不断。

欧拉无疑是属于天才型的。他13岁入瑞士巴塞尔大学，其间还成了其父辈的朋友、瑞士著名的贝努里家族的约翰·贝努里（Johann Bernoulli）的受业弟子。约翰发现欧拉拥有令人难以置信的数学天分，

图1 欧拉和最美的数学公式
$e^{i\pi} + 1 = 0$

图2 民主德国时期的邮票，上面有著名的欧拉公式 $e - k + f = 2$。此处公式为德语版：顶角，Ecke；边，Kante；面，Fläche

他向小欧拉的父亲保证，这个少年注定会成为最伟大的数学家。

欧拉有许多伟大成就，其中有些即使不是职业的数学家也能轻松地体会到其价值。欧拉首先得到了复变量指数函数的展开公式

$$e^{ix} = \cos x + i \sin x$$

而 $e^{i\pi} + 1 = 0$ 被誉为最美的公式（图1），是这个展开公式的特例。在这个看似简单的公式里，五个数学中最基础、最重要的数，0, 1, π, e 和 i，完美地结合到了一起。注意，0, 1分别是代数中"加"操作和"乘"操作的单位元，e = 2.71828... 是自然对数的底数（它被称为欧拉数，另一个欧拉常数是 γ = 0.57721...），π = 3.14159... 出现在数学的各个角落，而 $i = \sqrt{-1}$ 开启了数系的拓展并使得数学看起来很物理。一个看得懂这个公式的人想不喜欢数学都难。另一个看似简单的公式是 $V - E + F = 2$（图2），是说一个凸多面体，其顶点数V、边数E和面数F满足这个关系。图3是五种正多面体：

正四面体（$V=4$，$E=6$，$F=4$），正六面体（$V=8$，$E=12$，$F=6$），正八面体（$V=6$，$E=12$，$F=8$），正十二面体（$V=20$，$E=30$，$F=12$）和正二十面体（$V=12$，$E=30$，$F=20$）。大家不妨亲自验证一下是否满足上述公式。有人可能觉得这个公式没什么了不起，不过如果你知道它的推广Euler-Bonnet定理就不会这么想了。此外，注意到公式 $V-E+F=2$ 中 V 和 F 是可以交换的，你可能就容易理解正二十面体与正十二面体或者正八面体与正方体之间的关系了。下次再看到开普勒的太阳系模型（正多面体嵌套）你就能看出更多的奥秘来。当然了，$V-E+F=2$ 这样的写法也掩盖了它的伟大，如果改写成 $V-E+F-S=1$ 的形式，其中 $S=1$ 代表体的数目，注意从顶点 V 到体 S，这四个对象的维度分别是 0，1，2和3，其符号是（$+$，$-$，$+$，$-$）交替的。怎么样，这么看是不是觉得水有点儿深了？依照这样的公式写法，你容易把它推广到任意维度的凸多面体。比如，对于二维平面的凸多边形，$V-E+F=1$，而由于 $F=1$，因此有 $V-E=0$，即顶点数等于边数。别急着鄙视这个结果，你自己试试看四维情形下

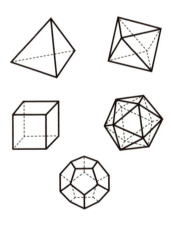

图3　五种正多面体，正好用来验证欧拉公式

069

这个公式该是什么样？

欧拉的一个传奇性的工作是解决著名的柯尼斯堡桥问题。在东普鲁士的柯尼斯堡（今俄罗斯的加里宁格勒），有一条河流经该市，围出一个河心岛，然后分成两岔继续前行。围绕这个河心岛建有七座桥（如图4的左图），这个地方也就成了柯尼斯堡市民散步的好去处。散步散得久了，就有聪明人琢磨出了一个问题：从某个河岸出发，能否每座桥只经过一次就回到原点？解决问题的一个直观的、朴素的方法就是尝试，反正也是来散步的，怎么散还不是散。许多人都参与了实验，发现答案是否定的：你不能走过所有的七座桥且从每座桥上只经过一次就回到原点。为什么呢？

柯尼斯堡桥问题引起了欧拉的兴趣。作为职业的数学家，欧拉当然不会指望实验能解决这个问题，他要做的第一件事是把问题抽象化。第一件事是把问题从地图上给誊到白纸上，那些无关紧要的细节，比如河边的其它建筑、岛的形状、河面的宽窄等等，都被忽略掉（如图4的中图）。进一步地，把陆地部分，共四块，各当作一个顶点，而那七座桥是这四个顶点之间的连接（如图4的右图）。哈，这一下问题变得清楚了。欧拉指出，柯尼斯堡桥问题的答案取决于每个顶点上的连接数目的奇偶性。如果要求每个顶点都被访问到且每条连接（桥）只被经过一

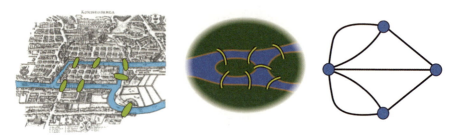

图4　从柯尼斯堡的桥到图论

次，那么每个顶点上的连接的数目必须是偶数。看看图4的右图，每个顶点上的连接的数目却都是奇数，因此柯尼斯堡桥问题的答案只能是否定的。进一步地，欧拉提出了一个关于二维平面内网络（或者说连接）的基本公式，$V - E + F = 1$。可以验证一下。比如，对"日"字形网络，$V = 6$，$E = 7$，$F = 2$，公式成立。那一年，欧拉29岁。

也许有的读者又会说，这也没什么嘛。那他可能是不知道对这个问题的解答所带来的影响。柯尼斯堡桥问题的解决方式开启了数学的一个重要分支——图论（Graph Theory）。图论的一个重要应用是在计算机科学领域。没有图论，计算机都不知道该怎么处理那些数据。而这篇文章，可是在计算机上撰写的哦。

笔者这些年从学习中得到的一个重要教训是：关于任何一个数学和物理的概念，都有很多我们不知道甚至知道了也永远弄不懂的内容。如果有人认为某个问题很简单，基本上可以肯定那是因为他不懂。

参考文献

[1] Dieter Suisky. Euler as Physicist. Berlin: Springer, 2009. 有足够拉丁语知识的读者可以尝试阅读此书。

[2] William Dunham. Euler: The Master of Us All. The Mathematical Association of America, 1999.

克利福德（William Kingdon Clifford，1845—1879），英国人，数学家、哲学家、语言学家和童话故事作家。克利福德开创的几何代数把数学物理推向了一个崭新的高度。克利福德还是第一个提出引力的几何本质的人。

克利福德——怪异的加法与乘法

你肯定学过加法，那你知道"一壶酒+一本书"等于什么吗？再往前一步，"一壶酒+一本书"乘以"两只羊+三大批判"等于什么？这样的加法和乘法你可能觉得怪异，可是克利福德就为我们发明了这样的算法。

克利福德，英国人。他不仅是他那个时代优秀的数学家（29岁入选英国皇家学会），还是一位哲学家、语言学家和童话故事作家。克利福德最伟大的成就是几何代数（后为人们扩展为克利福德代数），它把数学物理推向了一个崭新的高度。笔者自己学习几何代数及其物理应用时，真有如饮甘露的感觉。

就笔者的狭隘理解来看，所谓的物理和数学，大体上不过是在玩玩加法和乘法而已。代数，西文algebra，就是阿拉伯语"加法"的意思；克利福德代数引入了更有趣、更深刻的乘法和不同形式乘积之间的加法。那真是令人眼花缭乱的加法和乘法，挑战你的智力，却又让你从内心深处叹服。

故事还要从复数讲起。复数一般表示为 $z = x + iy$，其中的 i 是单位虚数，$\sqrt{-1} = \mathrm{i}$。如果用复数 $z = x + \mathrm{i}y$ 表示平面上的一点 (x, y)，那么根据勾股定理，这个点到原点距离的平方为 $x^2 + y^2$（图1）。我们看到，根据 $\sqrt{-1} = \mathrm{i}$ 这个性质，有

$$(x + \mathrm{i}y)(x - \mathrm{i}y) = x^2 + y^2$$

令 $z^* = x - \mathrm{i}y$，我们称其为 $z = x + \mathrm{i}y$ 的复共轭——这其实就是一种伙伴关系，可见有 $z^*z = x^2 + y^2$。这个公式教我们如何得到一个用复数表示的矢量长度，很物理、很重要。现在，让我们研究更一般的情况，对于任意的两个矢量 $z = x + \mathrm{i}y$ 和 $w = u + \mathrm{i}v$，我们发现有

$$zw^* = (xu + yv) + \mathrm{i}(uy - vx)$$

其前一项为内积，是对称的，意思是说它和

$$z^*w = (xu + yv) + \mathrm{i}(-uy + vx)$$

的第一项是一样的；后一项是外积，是反对称的，意思是它和 z^*w 的第二项相差一个负号。重要的是，这个第二项的绝对值等于两个矢量张成的平行四边形的面积，因此也是很物理、很重要的。

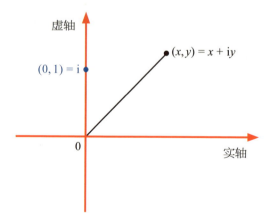

图1　复数 $z = x + \mathrm{i}y$ 可以表示平面上的一个点 (x, y)

克利福德的伟大思想是把这个积扩展到任意维度，使得两个矢量的几何乘积形式上由两项组成：一项是内积，代表一个标量；另一项是外积，代表一个二矢量（bivector），即有 $ab = a \cdot b + a \wedge b$。前面已经说过，外积绝对值等于两个矢量张成的平行四边形的面积（图2）。这样，在几何代数的语言里，就出现了两种不同类（物理）量相加的问题，类似"一只苹果+两首歌曲"这样的"和"。当然，也可以是多种不同量的和，比如"一只苹果+两首歌曲+三道数学题"。这看起来有点儿怪异，但这样的加法，让我们容易跟踪不同类的对象经过加减乘除等操作过程

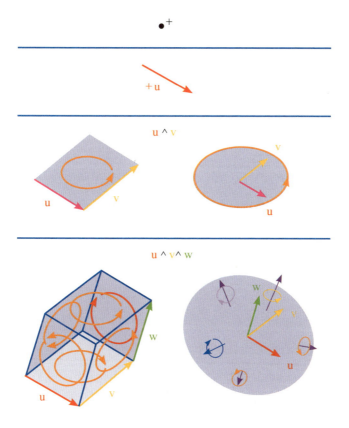

图2　两个矢量的外积是有方向的面积，三个矢量的外积是有方向的体积

中的踪迹，更能弄清楚所经过之算法的物理意义。想想看，我们学几何时从点到线（段），从面到体，花了多少时间，而且还是把这些东西都看成分割开来的。如果研究"点+线+面+体"这样的几何对象，并且可以用代数的方法分析它们之间的关系，这样学习知识的效率就高多了，也深刻得多。比如，电磁学中的电场 E 和磁场 B 就不是一类物理量，前者是矢量，后者是二矢量，用这种眼光去看麦克斯韦方程，就能看出更深刻的内容来。几何代数对整个物理学的影响现在还在发酵中，有人在努力用克利福德代数的语言重写整个物理学。

把不同类的量加到一起，虽然看起来怪异，但其根源依然在复数上。理解了复数 $z = x + iy$，就不会被几何代数所吓倒。虚数原来是为了解一元三次方程才引入的，当然它也适用于解一元二次方程。在那里 x 和 iy 原来是被看作"同类"的，如果有差别的话，也就是后者的平方为负而前者平方为正，如此而已。只是后来，随着我们对 i 的认识越来越深入，例如从关系式 $e^{i\pi/2} = i$ 出发可以把某个矢量 $z = x + iy$ 乘以 i 看成是将其逆时针转动90°，又比如从 $i*i = -I$（其中 I 是单位量）出发可以把 i 理解为连续两次使用会得到相反结果的物理操作，我们才慢慢觉得 iy 是和实数 x 不同的另一类东西。但是，我们如今对 $x + iy$ 这样怪异的加法不是感到很亲切吗？

1879年，未满34周岁的克利福德被疾病夺去了年轻的生命。他的同时代人评价说是他的身体未能负担得起他对智力运动之无法满足的胃口。在克利福德的墓碑上，刻着他自己写下的、惹人心酸的一句话："I am not and grieve not.（我什么都不是，也不因此悲伤。）"跟他相比，实在想不清楚一般人的傲慢是从哪里来的。

为了写下这一段故事，笔者不得不提到了复数、内积、外积以及几何代数这样的专门概念。如果读者对于克利福德的代数，或者哪怕是复数的乘法，也不是很熟悉的话，也不要紧。你只要记住，克利福德了不起的地方就是敢大胆地对不同的对象作加法。"一只羊+两只羊=三只羊"是传统加法允许的，但"一只羊+两棵树+三大批判"却不可以。克利福德的加法允许把不同的对象加到一起，而追踪不同对象的踪迹让我们有可能对物理学获得更深入的认识。克利福德的代数有其自然的表现。"一壶酒+一本书"这样的加法就是现实世界里的物理操作，它让一个不通世故的读书人也有些许幸福的感觉。

克利福德一个更伟大的想法是认为引力引起空间的弯曲。他认为物质可能只是弯曲空间上的涟漪。这些思想是广义相对论的萌芽。克利福德辞世后的第11天，爱因斯坦诞生了。1915年，爱因斯坦创立了广义相对论——关于弯曲时空的几何。

参考文献

[1] Chris Doran, Anthony Lasenby. Geometric Algebra for Physicists. Cambridge University Press, 2003.

  波利亚（George Pólya，1887—1985），匈牙利数学家，1940年前生活在欧洲，后移居美国。波利亚青年时期曾攻读过数学、物理和哲学，在数学研究方面涉猎过数论、函数论、概率论、几何等诸领域；晚年热心数学教育，所著数学教育书籍风靡世界。波利亚因其关于随机行走问题的研究而闻名。

波利亚——本老师不是变态

波利亚，匈牙利数学家，1940年前生活在欧洲，后移居美国。波利亚能够用匈牙利语、法语、德语、意大利语、英语和丹麦语等几种文字写作，他当然也会一些拉丁语和希腊语。波利亚青年时期曾攻读过数学、物理和哲学，在数学研究方面涉猎过数论、函数论、概率论、几何等领域。波利亚活到98岁耳聪目明，这与他一直进行数学思考不无关系。

波利亚的数学功底在其同事和学生中间有口皆碑，就对基础数学的理解深度而言，无人能出其右。其对数学教学的热情，不只是其数学天分，才是取得这样杰出成就的保证。

关于波利亚为什么如此成功的探讨，一个必须注意的因素是其东欧血统。东欧人民大体上是天然地会掌握多种语言的族群。东欧的作家，如卡夫卡、昆德拉等人，都能用多种语言创作。

波利亚作为数学家，曾被誉为二十世纪经典分析领域的巨人之一，他的所有研究都体现出使人愉悦的个性、令人惊奇的鉴赏力、水晶般清晰的方法、简捷的手段以及有力的结果。但是，波利亚的名气更多地来

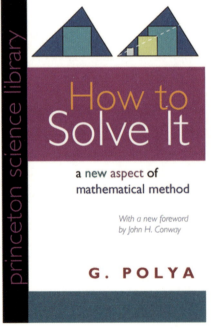

图1 《怎样解题》原版书封面

自他的教育理念与实践。波利亚主张数学教育主要目的之一是发展学生解决问题的能力，教会学生思考。为了教会人们如何解答（数学）问题，波利亚先后撰写了*How to Solve It*（图1，中译本《怎样解题》），*Mathematical Discovery on Understanding, Learning and Teaching Problem Solving*（中译本《数学的发现》），*Mathematics and Plausible Reasoning: Induction and Analogy in Mathematics*（中译本《数学与猜想：数学中的归纳和类比》），*Mathematics and Plausible Reasoning: Patterns of Plausible Inference*（中译本《数学与猜想：合情推理模式》）等书。这些书籍一经出版，立刻在数学界引起轰动，很快风行世界。波利亚的这些书，高屋建瓴偏又能深入浅出，我相信几乎所有阅读过的人们都会有醍醐灌顶的感觉。笔者在阅读这些书籍时，只觉得那些年——从小学到博士毕业——笔者消磨在数学上的时光，真是白费了。

数学一向是被认为最晦涩难懂的学问。波利亚却有一种特殊的风格，总是能用他不经意的风趣去消解读者的畏难情绪。"In order to solve this differential equation, you look at it till a solution occurs to you.（为了解这个微分方程，你要盯着它看，直到方程的解降临于你。）" "The first rule of discovery is to have brains and good luck. The second rule of discovery is to sit tight and wait till you get a bright idea.（发现的第一定律是要有脑子和好运气，发现的第二定律是你要坐得住，直等到有了聪明的好主意。）"这些风趣的句子随意散落在波利亚的著作中。句句在理的大白话，不免让人会心一笑。那接下来的深刻数学，也就不是那么索然无味了。

波利亚灌输数学思想的同时，一直不厌其烦地就具体的问题，引导读者去学会解决数学问题的方法。在《怎样解题》一书中，波利亚针对解决数学问题（一般指还没有现成解的问题）建议了如下步骤：

1. 首先，你要弄明白问题；

2. 弄明白问题后，制定一个计划；

3. 执行计划；

4. 回过头来检查已完成的工作。可以做得更好一些吗？

如果以上几条不好使，波利亚建议你看看能否找到你能解决的、稍容易一点儿的问题，或者首先尝试解决一些相关的其它问题。笔者觉得，波利亚的这些建议不只是针对数学问题，对于物理学或者其它自然科学领域，它们也一样有效。难怪"按照波利亚的方式解决问题（problem solving à la Pólya）"会被学术界奉为圭臬。

波利亚在数学方面的一个重大贡献是关于随机行走规律的研究。波利亚注意到随机行走问题的过程非常具有传奇色彩，因此被科学史家所津津乐道。波利亚在瑞士的时候，有段时间住在一家疗养院里。疗养院在一片林地里，平时波利亚就在林子里一边散步一边思考他的数学问题。有点儿像我们的唐朝诗人李贺，波利亚出门也是带着纸和笔的，一旦思有所得就赶紧记下来。疗养院附近住着一些学生，有些还是波利亚认识的。有一天，波利亚在散步的时候遇到了一个他认识的学生，这个学生带着他的女朋友一块儿也在散步。相遇的时候也许打过招呼也许没打招呼，反正是双方（波利亚一方，那个学生和他的女朋友为另一方）在相遇后选择不同路径各自继续走下去。令波利亚大为惊讶的是，尽管努力规避，接下来他们又在不同的地点相遇了好几次，这让双方多少都有一点儿尴尬。波利亚非常担心那个学生会以为他是故意在制造这样的相遇。"他们不会以为我是个变态吧？不行，本教授不是那样的人，这个现象一定要有个解释。"波利亚这样想到。这促使他考虑如下的问题：在给定的道路网格中，两个人不经意相遇的可能性到底是多大？这开启了波利亚关于随机行走问题的研究。1921年，他发表了第一篇关于随机行走的论文。有人认为是波利亚第一个引入了"随机行走"这个概念，这不确切。其实早在1905年，佩尔森（Karl Pearson）就正式提出过随机行走的问题。

波利亚关于随机行走问题的规律，可简单地总结如下：

1. 在一维空间中，一个随机选择下一步往哪儿走的醉汉有无穷多的机会路过他喝酒的那家酒馆；

2. 在二维的道路网格上，一个随机选择下一步往哪儿走的醉汉在经过足够长的时间后有可能路过他喝酒的那家酒馆（图2）；

3. 在三维的道路网格上，一个随机选择下一步往哪儿走的醉汉算是别指望能路过他喝酒的那家酒馆了。

还可以换个通俗的说法：你弄丢的狗不知哪一天自己就会找回家来，而你撒出去的鸟儿就再也没有相见的那一天了。这个结论很容易理解，但是要给出严格的数学证明，就不是一般人能胜任的了。如今，随机行走模型在物理学、化学、生物学、经济学等诸多领域都得到了广泛的应用。大师的影响，无远弗届。

波利亚关于随机行走的定律，其社会学的意义也不容小觑。在几乎

图2　二维面上醉汉的随机行走

没有立交桥的地区，男人尽可以看着心爱的女人开车出门而不必担心。因为，即使她完全任性地、随机地前行或转弯，只要汽车还没有获得飞行的功能，足够长的时间后你就一定能看到她路过家门——但愿那时候你还能认得出她的模样。如果是在立交桥遍布的地区，如果她隔天还没回家，别等了，报警吧!

参考文献

[1] George Pólya. Über eine Aufgabe der Wahrscheinlichkeitsrechnung betreffend die Irrfahrt im Strassennetz（关于在街道网格中误打误撞的概率计算）. Math. Ann., 1921, 84: 149-160.

[2] Karl Pearson. The Problem of the Random Walk. Nature, 1905, 72: 294.

[3] Gerald L. Alexanderson. The Random Walks of George Pólya. Cambridge University Press, 2000.

[4] David A. Levin, Yuval Peres. Polya's Theorem on Random Walks via Polya's Urn. Amer. Math. Monthly, March 2010, 117: 220-231.

建议阅读

[1] George Pólya. Mathematics and Plausible Reasoning: Patterns of Plausible Inference. Princeton University Press, 1954. 中译本为《数学与猜想：合情推理模式》。

[2] George Pólya. Mathematics and Plausible Reasoning: Induction and

Analogy in Mathematics. Princeton University Press, 1954. 中译本为《数学与猜想：数学中的归纳和类比》。

[3] George Pólya. How to Solve It. Princeton University Press, 1971. 中译本为《怎样解题》。

[4] George Pólya. Mathematical Discovery on Understanding, Learning and Teaching Problem Solving. Ishi Press, 2009. 中译本为《数学的发现》。

　　曼德尔布罗特（Benoît B. Mandelbrot，1924—2010），数学家，出生于波兰，先后定居在法国和美国，因开创了分形几何研究而闻名。

曼德尔布罗特——海岸线的长度

记得有一首很抒情的歌唱到："林中的小路有多长？只有我们漫步度量。"林中的小路有多长？一般人不会认为这是一个成问题的问题，而且这种认识根深蒂固。翻开我们的地理书，经常能看到我国有长达多少多少公里海岸线的说法。海岸线真有确切的长度吗？1967年，曼德尔布罗特在《科学》杂志上发表了题为《大不列颠的海岸线有多长》的论文，明确指出海岸线的长度是一个依赖于测量所用标尺的量。相关问题的研究引入了一个崭新的数学分支——分形几何。

曼德尔布罗特，数学家，出生在波兰，后来先后定居在法国和美国。受其数学家叔叔的影响，曼德尔布罗特从小就热爱数学。在求学经历中，曼德尔布罗特曾受教于大数学家尤利亚（Gaston Julia）、冯·诺依曼（John von Neumann）。曼德尔布罗特后来在美国因为替IBM工作的便利，成了最先使用计算机图形功能创造分形几何的人。当然，这也与他的老师尤利亚引入的一种特殊的集合有关。

尤利亚集合与复函数的迭代有关。例如，考察函数 $f_c(z) = z^2 + c$，其中 c 是一个常复数，z 是复变量。把函数 $f_c(z)$ 当成新的变量 z 代到方程的

图1　对应 $c = -0.4 + 0.6i$ 的
尤利亚集合

图2　曼德尔布罗特集合的图形

右边去，可以研究这个函数的迭代性质。如果某个区域内的 z 经过迭代算法还保留在这个区域内，则这个区域属于复平面内的Fatou集合。Fatou集合以外的区域就是尤利亚集合。尤利亚集合是处处非稠的集合（通俗地说，就是麻将牌里的"十三不靠"），因此具有非常迷人的外观（图1）。

对于 $f_c(z) = z^2 + c$ 这样的迭代函数，可引入曼德尔布罗特集合，即使得这个迭代不发散的所有常复数c的集合。从图2可以看出，曼德尔布罗特集合的边界具有越来越精细的、递归的细节，也就是说你将选定的部分不断地放大，会发现同样的细节会不断再现。对局部的放大会重复发现图形整体的形状，即是说图形具有自相似的结构。1975年，曼德尔布罗特创造了"分形"（fractal）一词，用来描述那些具有自相似结构的几何体。聪明的读者可能已经注意到，因为曼德尔布罗特集合是由迭代算法的结果加以定义的，因此所谓的曼德尔布罗特集合之图形化表示具有自相似结构是自然而然的事情，算法的迭代和所

图3　具有斐波那契斜列螺旋花样且在几个大小层次上自相似的宝塔菜

得图形的自相似，这两者是有内在联系的。具有自相似结构的事物在菜市场就能见到，比如宝塔菜（*broccoli romanesque*），可以看到几个大小层次上的花瓣结构都是一样的螺旋状的（图3）。当然了，宝塔菜不仅有自相似结构，其结构花样还是斐波那契斜列螺旋（Fibonacci parastichous spirals），因此更显神奇。

为了更好地理解分形的概念，我们考察一个简单点儿的例子。从一个正三角形出发，把其每边的中间三分之一去掉，但以这去掉的部分为基准往外构造一个正三角形，则这新的两边就替代被去掉的部分完成了去掉部分的连接。对所有某个尺度上存在的线段进行上述操作，不断地重复下去，就能得到所谓的科赫曲线或者科赫雪花（Helge von Koch，1904），见图4。明显可看出，随着构造不断往下个层面进行，这个图

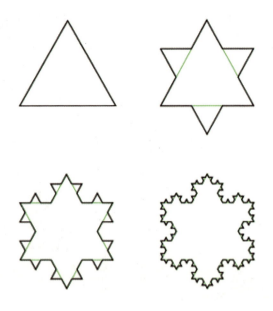

图4 科赫雪花

形的周长也在不断增大。实际上，每往下一个层面，周长都增加到原来的 $\frac{4}{3}$ 倍。

曼德尔布罗特注意到类似科赫雪花样的曲线在别的领域也能见到，比如人们非常熟悉的海岸线。海岸线虽然不会像科赫曲线那样具有严格的自相似结构，但却确实是足够不规则的。可以肯定的是，使用越小的尺子，量得的海岸线长度就越长。曼德尔布罗特引入了分形几何和分数维度的概念，认为一类具有自相似结构的几何体，其维度是一个非整数，比如科赫雪花的维度就约是1.26。作为对照，直线、圆周是一维的，平面规则图形如三角形、菱形是两维的，而球体、四面体这样的规则结构是三维的，维度都是整数。分形几何在物理学、化学、经济学、地球科学、气象学等领域里都找到了许多有价值的应用。

海岸线多长的问题，实际上牵扯到了测量这一物理学最重要的问题。以标尺进行的长度测量，测量对象在标尺的尺度之上出现显著变化才是允许的、可容忍的。一条海岸线，可以简化为折线，它出现拐点的特征越小，则允许的标尺尺度也应该越小。这再再提醒我们，不存在先验的测量设备和测量方法。那些能得出有价值结果的物理实验，其所使用的设备和方法是在对具体问题的研究过程中慢慢演化出来的。某种程度上可以说，实验和理论是一体的，都是物理知识体系的有机组成部分，是相互砥砺才获得正确性的。

温馨提示：若你是年轻的父母，当你牵着蹒跚学步的小儿沿着羊肠小道这样的分形结构散步时，**请你一定要耐心地等他**，因为在他的小脚下，路确实更长。

参考文献

[1] B. B. Mandelbrot. How Long Is the Coast of Britain? Statistical Self-similarity and Fractional Dimension. Science, 1967, 156: 636-638.

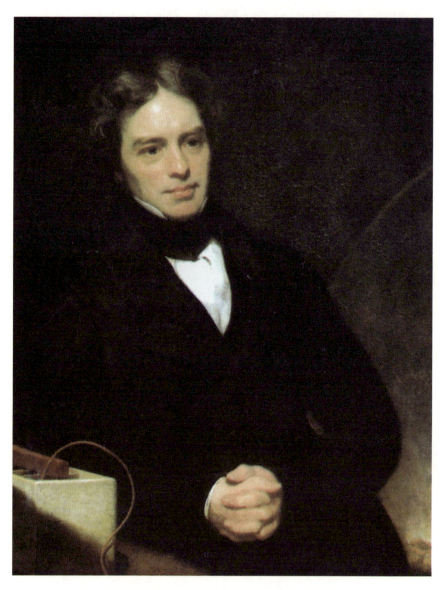

　　法拉第（Michael Faraday, 1791—1867），英国科学家，对化学和物理学，尤其是电磁学的建立，做出了杰出的贡献。

法拉第——气体的液化

　　良好的教育背景和专业训练常常会被看作是科学家职业成功的前提，但并不总是这样。历史上，有个仅受过初等教育的人以学徒身份步入科学殿堂，但他却在化学、物理的不同方向上都做出了不可磨灭的贡献，并成为历史上最有影响的科学家之一——他就是英国科学家法拉第。著名的物理学家卢瑟福这样评价法拉第："就其发现数量之多和范围之广，以及这些发现对科学和工业的影响而言，用什么样的荣耀去纪念法拉第这位所有时代中最伟大的科学发现者之一，都不为过。"

　　法拉第出身于一个普通家庭，14岁时就到一家书店当学徒。在做学徒的七年间，法拉第不断阅读各种书籍，提升自己的知识素养。20岁那年，法拉第到英国皇家学会去旁听大化学家戴维的讲座。他在听讲座时做了详尽的记录，并把听讲记录做成了300多页厚的装订本，送给戴维。可以想象，这位聪明好学的年轻人给戴维留下了好印象。1813年，法拉第申请给戴维当助手，戴维同意了。尽管在戴维夫人的眼里，法拉第不过算是一个仆人而已，但是在戴维身边却让法拉第有机会接触了当时的科学前沿和一些学术大家。法拉第从此开始了他的学术生涯并显示了他作为实验科学家的天分，具有重大影响的研究成果接踵而至。

　　法拉第开始的研究对象之一是氯气。氯气是1774年被发现的，因颜色而得名。1811年，戴维发现将氯气通过几乎凝结的、稀的氯化钙水溶液时所获得的晶状物其实是氯与水的结合物，即水合氯$Cl_2 \cdot H_2O$。1823年冬，根据戴维的建议，法拉第继续研究水合氯这种物质。当他把水合氯封装在玻璃管中加热时，发现冷却后出现了一种带颜色的、油乎乎的液体。使用玻璃弯管，一端加热，另一端埋在冰中，更容易得到这种油乎乎的液体。后来的实验表明，这种油乎乎的东西还是氯，不过是液体的氯（图1）。

　　法拉第的发现用现代科学知识很容易理解。一个标准大气压下氯的液化温度为−34℃，这样的低温那时候法拉第是无法获得的。但是，根据热力学，加压能够升高气体的液化温度。在密封的玻璃管中，水合氯分解造成的局部压力将氯的液化温度升高到了法拉第在实验室里能够得到的温度。法拉第无意中实现了气体的液化。

图1　油乎乎的液态氯

在今天，使用液化气烧饭的老奶奶可能都不会对气体可以液化感到惊讶。但是，气体液化第一次在实验室里人工实现，这对科学的影响是重大的、多层面的。首先，它证明气体都是相应液体的蒸气，就像水蒸气是水的蒸气一样。〔虽然人们早就熟悉烧开的水会变成蒸气（vapor），但是认识到气体（gas）也是某种液体的vapor，这个思想上的弯子还是很大的。〕这证实了气体是由分子组成的、分子可以聚集成团的观念。

法拉第看到此前仅仅是气态的氯如今变成了液体。他马上想到，是否可以把这套办法，即"加压+冷却"的办法，应用于其它气体的液化。很快，NH_3、H_2S、NO_2、SO_2和CO_2这些气体就被法拉第逐个降服了，它们都乖乖地变成了液体。不过，让法拉第感到沮丧的是，N_2、H_2和O_2这些气体却拒绝被液化（He那时还没发现）。法拉第无奈地称它们为"永久性气体"。

当然，现在我们知道没有什么"永久性气体"，只是法拉第所能获得的压力和温度条件不足以液化N_2、H_2和O_2这些气体罢了。法拉第液化气体的工作，开创了气体液化和低温物理的新领域。后来许多科学家投入到液化气体的努力中。除了焦耳-汤姆孙效应（高压气体在低压环境中膨胀会引起温度的改变）可资利用外，这期间利用杜瓦瓶，人们还获得了级联降温来液化气体的方法，即利用已能获得的液体去获得尽可能低的温度，在此前提下利用"加压+降温"的方式去液化下一种气体。1877年氧气被液化，1898年氢气被液化。液氢已经能将温度降至20.28 K了。利用液氢，1908年荷兰人昂内斯实现了氦气的液化。至此，所有的气体都被降服，温度已经能降到了4.2 K的水平。仅仅三年后，昂内斯就利用液氦提供的低温条件发现了超导现象——一些材料的电阻在温度足够低时会突然完全消失。今天的人们在乘坐超导磁悬浮列车或者做核磁共振检查的时候，很少会想到这些技术的基础是极低温度的获得，它们源自于法拉第当年注意到的油乎乎的绿色液滴。

当然，法拉第最为人推崇的还是他在电磁学方面的成就，他提出了力线和电磁场的概念，发现了电磁感应定律等等。可惜的是，苦于所受教育的不足，法拉第未能掌握高深的数学，这极大地限制了他的科学能力——表达的能力、深化的能力和抽象化的能力。但是，他对自然奥秘的直觉，是前所未有的，这见于他的著作《电的实验研究》（*Experimental Research in Electricity*）。麦克斯韦精研法拉第的著作以及当时其他人在电磁学方面的工作，得出了著名的麦克斯韦方程组。微分形式的麦克斯韦方程组的出现，把电磁学推到了一个前所未有的高度；而物理研究从此也有了新的范式。

法拉第不仅凭借他惊人的直觉获得了大量的科学发现，他还热心科学的传播。在1827—1860年间，法拉第在皇家学会共做了19场圣诞讲座（图2），向公众尤其是年轻人宣讲科学，以期激发公众的科学热情。这

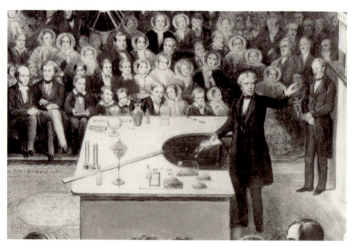

图2　英国皇家学会1856年度的圣诞讲座

个伟大的传统在英国一直坚持到今天，成为科学界不多的盛事之一。法拉第的事迹，永远激励着人们去投身于对自然的探索。

建议阅读

[1] William Berkson. Fields of Force. Routledge, 1974.

麦克斯韦（James Clerk Maxwell，1831—1879），苏格兰数学物理学家。他第一个给出了卵形线的方程，时年仅14岁。麦克斯韦系统地研究过他那个时代的所有物理学分支，他的关于电磁学和气体运动的著作至今依然被奉为经典。麦克斯韦研究电磁现象，得出了著名的麦克斯韦方程组；研究光学与视觉，不仅给出了颜色的理论，还拍出了第一张彩色照片；研究气体的运动，得出了麦克斯韦分布。

麦克斯韦——鸡蛋的方程

　　数学界有个玩笑，说把一个人从睡梦中叫醒，问他什么是庞加莱引理，回答不上来的，肯定不是微分几何学家。类似的严肃玩笑也适用于物理学家。把一个人从睡梦中叫醒，让他写出麦克斯韦方程组。写不出来的，算不得物理学家。一个还算像样点儿的物理学家，不仅要能写得出麦克斯韦方程组，其实也要懂得什么是庞加莱引理，因为庞加莱引理对物理学家来说可能意味着更多的东西[*]。

　　麦克斯韦，苏格兰数学物理学家。麦克斯韦天资聪颖，少年时即英气逼人（图1）。他最大的成就就是把当时的关于电磁理论的结果融合进一套方程组里面，这就是著名的麦克斯韦方程组：

---

[*] 庞加莱引理（Poincaré's lemma）是说在可约流型上，所有的闭合形式都是精确的形式。我们在物理课上学到的任何标量函数 ϕ 的梯度 $\nabla\phi$，其散度为零，即 $\nabla \cdot \nabla\phi = 0$，就是庞加莱引理的例子。把这个引理用于热力学的表述特别好使。

$$\begin{cases} \nabla \cdot \boldsymbol{D} = \rho \\ \nabla \cdot \boldsymbol{B} = 0 \\ \nabla \times \boldsymbol{E} = -\dfrac{\partial \boldsymbol{B}}{\partial t} \\ \nabla \times \boldsymbol{H} = \boldsymbol{J} + \dfrac{\partial \boldsymbol{D}}{\partial t} \end{cases}$$

这套方程组到底包含多少了不起的物理内容，物理学博士们一定要努力去了解。首先，可把这个方程组写成波动方式。难道电磁现象意味着存在电磁波？后来赫兹的实验证实，确实可以用电路产生电磁波。其二，这个波动方程中给出的波速的值，和当时测量到的光的速度差不多。人们自然要问：光是电磁波？答案结果是肯定的。现在我们已经确切地把光的理论建立在电磁学理论之上了。其三，这个波动方程中的波速是由电磁现象导出的，从来没有提及运动参照系的问题。难道光速在所有的运动参照系里都是一样的？今天我们知道，爱因斯坦相对论的一个主要论点就是光速是一个不依赖于参照系的常数。当然了，光速不仅仅是一个常数，我们还规定它是一个整数！第四点，有人把麦克斯韦方程组改写成薛定谔方程那样的本征值问题，这导致了光子晶体概念的产生。光子晶体理论让我们理解了蝴

图1　少年时期的麦克斯韦

蝶翅膀和孔雀羽毛为什么会在不同的角度上显示出不同的色彩。从麦克斯韦方程组还能挖掘出什么内容？不知道。我要知道的话我早告诉全世界了。

喜欢争论的读者可能会说，麦克斯韦方程组是麦克斯韦把前人研究电磁现象得到的结果糅合到一起得到的，算不得什么本事。如果真是这样的话，那还真算不得什么本事。问题是，你仔细看看方程组，前三个方程的右侧都是只有一项，实际上如果只考虑电磁感应定律的话，第四个方程右侧也只有前面一项。第四个方程右侧的第二项，就是所谓的位移电流，是麦克斯韦纯粹从数学角度考虑给加上去的。如果第四个方程右侧只有前面一项的话，则对自某点发出放射状电流的情形，这个方程数学上是无法成立的。麦克斯韦引入了位移电流这一项，这样整个方程组在数学的意义上就变得完美了。当然，最重要的是，位移电流这个概念确实是正确的。顺便说一句，麦克斯韦方程组可以写成单一方程的形式。

麦克斯韦在构造麦克斯韦方程组时表现出了非凡的数学天分。其实，麦克斯韦的数学天分在他还是一个少年时就淋漓尽致地表现出来了。据说，麦克斯韦小时候也被要求去学画画——好像学画画的基本功练习就是画蛋。有一天，麦克斯韦想到：要是能给出蛋的方程的话，画蛋可能就容易了。1845年，麦克斯韦在他14岁时终于想明白了鸡蛋的方程该是什么样子的。

麦克斯韦从椭圆出发。椭圆可以定义为到两个点（焦点）距离之和为常数的点的集合，这个条件写成方程就是 $l_1 + l_2 = C$。我们还可以写得更仔细一点儿，$1 \times l_1 + 1 \times l_2 = C$。到两点的距离，都有同样的倍数，为1，因此椭圆关于这两个焦点是对称的。如果到两点的距离有不同的

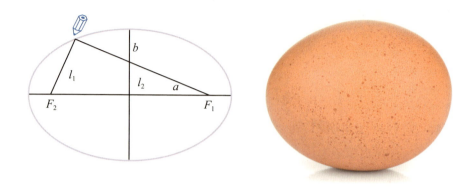

图2　从椭圆看如何画卵形线

倍数，也即把方程变成 $a \times l_1 + 1 \times l_2 = C$ 的样子，a不等于1，所得的图形是否就一头大一头小像个鸡蛋了呢？读者很容易看出，确实是这样（图2）。麦克斯韦仔细研究了到两点距离取不同倍数所得到的卵形线的性质。麦克斯韦的父亲非常为儿子感到自豪，他把麦克斯韦的研究结果呈送给爱丁堡大学的福伯斯（James David Forbes）教授，得到了高度评价。1846年，麦克斯韦关于卵形线的研究成果发表在苏格兰皇家科学院的院刊上，那一年他15岁。

麦克斯韦为我们留下了许多宝贵的科学遗产，这包括关于气体运动的理论和关于视觉与光学的理论。前者具体地指大学物理中常提到的关于气体分子速度的麦克斯韦-玻尔兹曼分布，后者包括他的红绿蓝三原色理论。图3所示的照片就是根据麦克斯韦三原色理论得到的人类第一张彩色照片。此外，他还是第一个注意到物理学中量纲分析的人。麦克斯韦得到气体分布定律的思考非常传奇。他说：1. 分布依赖于速率，和气体运动方向无关（同一时刻朝向各种方向的分子都有），所以分布函数应该是 $v^2 = \vec{v} \cdot \vec{v}$ 的函数；2. 空间的三个方向应该是独立的，所以分布函

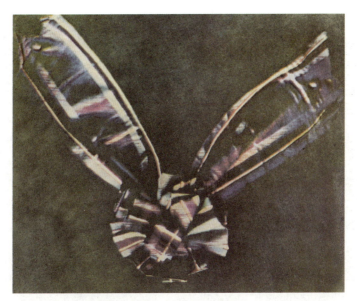

图3　人类的第一张彩色照片，摄于1861年。照片中的物体为一条花格子丝带

数应该满足关系式 $f(v_x^2)f(v_y^2)f(v_z^2) = f(v_x^2 + v_y^2 + v_z^2)$，因此分布函数只能是 $e^{-\beta v^2}$ 这样的形式。推导完毕！

1879年，麦克斯韦在其创造的高峰期被疾病夺去了生命，年仅48岁。他用不长的一生，为后世的物理学家树立了一座仰之弥高的丰碑。

参考文献

[1] James Clerk Maxwell. A Treatise on Electricity and Magnetism. Clarendon Press, 1998.

[2] Olivier Darrigol. Electrodynamics from Ampere to Einstein. Oxford University Press, 2000.

　　麦克斯韦，苏格兰数学物理学家。麦克斯韦研究电磁现象，得出了著名的麦克斯韦方程组。这个方程组的点睛之笔，是位移电流概念的引入。

麦克斯韦——位移电流

人们常常会讨论物理学中最美、最伟大的方程。一个必然的入选者是爱因斯坦的质能方程 $E = mc^2$，这个方程的入选是因为许多人误以为自己能看得懂。另两个必然的入选者是薛定谔方程

$$\mathrm{i}\hbar \frac{\partial \Psi}{\partial t} = H\Psi$$

和狄拉克方程

$$\mathrm{i}\gamma \cdot \partial \psi = m\psi$$

这两个方程也只有简单的两项，它们的入选估计是因为许多人愿意直接承认看不懂。但是，不管评选者采用怎样的标准，有一个看似庞杂的方程（组）也是会必然入选的，这就是麦克斯韦方程组（图1）。

一般电磁学教科书中，真空中的麦克斯韦方程组形式如下：

$$\begin{cases} \nabla \cdot \boldsymbol{D} = \rho \\ \nabla \cdot \boldsymbol{B} = 0 \\ \nabla \times \boldsymbol{E} = -\dfrac{\partial \boldsymbol{B}}{\partial t} \\ \nabla \times \boldsymbol{H} = \boldsymbol{J} + \dfrac{\partial \boldsymbol{D}}{\partial t} \end{cases}$$

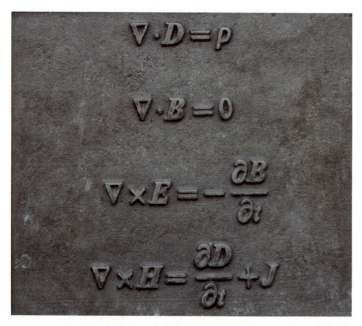

图1　不朽的麦克斯韦方程组

这是一组写在水面都会不朽的方程组，于1873年第一次出现在麦克斯韦的《电磁论》（*A Treatise on Electricity and Magnetism*）一书中。在继续讨论它的来历之前，我先说说它是怎样的伟大。读者可能注意到上篇已经说过这个方程组多伟大了，不过，这方程组我看过不下一百遍我还不懂呢，说两遍多吗？

亲爱的读者，如果你看不懂这个方程组，也不要被它吓着了，你只要记得有这么个方程组就是了。直接跳过去，这不会影响你的阅读。

首先，这个方程组可以改写成 $\nabla^2\psi = \mu_0\varepsilon_0\frac{\partial^2\psi}{\partial t^2}$ 的形式，这是典型的波动方程的形式。那么，这说明电磁场可以波的形式存在和传播吗？进一步地，1862年麦克斯韦计算了由 $\frac{1}{\sqrt{\mu_0\varepsilon_0}}$ 所决定的波速，发现和那时候测得的光的速度相近。这是说电磁波，如果存在的话，和光波本质上是一个东西吗？后来，德国科学家赫兹于1887年用振荡电路产生了电磁波，证明了电磁波的存在。而后更多的研究则表明，光波就是电磁波。

其次，人们在谈论速度的时候一般是有参照物的。比如，中学数学课本里经常有船速相对水面是多少、相对于岸是多少之类的问题。可是，这里的光速是从电磁学常数 μ_0 和 ε_0 计算而来的，没有参照系。难道光速是不管参照系的，不管相对于任何观察者都是同样的？爱因斯坦说是这样的。爱因斯坦的狭义相对论的一个公设就是光速相对任何观察者是不变的；或者按照爱因斯坦的原文，来自任何光源的光，其速度是一个恒定值。

再后来，在1987年亚布洛诺维奇（Eli Yablonovich）等人发现还可以把麦克斯韦方程组改写成薛定谔方程那样的本征值问题。这样，如果物质的介电常数周期性地变化的话，则在不同的方向上它会让不同波长的光通过，从而在不同方向上表现出不同的颜色。这样的物质结构被称为光子晶体。蝴蝶的翅膀、孔雀的羽毛，都是大自然中早就存在的光子晶体。想一想，颜色视觉理论也是麦克斯韦发展的，第一张彩色照片是麦克斯韦拍摄的，而光子晶体，这大自然五彩缤纷的一个侧面，竟然也是在麦克斯韦方程组的基础上人们才认识到的。麦克斯韦太伟大了，每一个学习物理的人，都应该知道麦克斯韦和他的方程组。

那么麦克斯韦是怎样得到这个方程组的呢？看看前面的方程组，第一个、第二个方程都称为高斯定律，第一个方程是说电场的来源是电荷，第二个方程是说磁场是无源的。第三个方程是法拉第感应定律，是说变化的磁场能产生电场，它是发电机的工作原理。第四个方程，如不包括麦克斯韦加上的那一项 $\frac{\partial \boldsymbol{D}}{\partial t}$，是安培环路定理 $\nabla \times \boldsymbol{H} = \boldsymbol{J}$，是说磁场是由电流产生的。麦克斯韦在1855年考虑电磁学基本问题时，这些方程都有了，只是被写成了看似不一样的数学形式。

麦克斯韦把电、磁和光现象当作一个整体加以考察。他发现，电场会在电介质中引起电荷的位移，会产生电流，当然这位移电流也会产生磁场。麦克斯韦把这一项加上去，安培环路定理就变成了安培-麦克斯韦定律：$\nabla \times \boldsymbol{H} = \boldsymbol{J} + \dfrac{\partial \boldsymbol{D}}{\partial t}$。

麦克斯韦把位移电流项 $\dfrac{\partial \boldsymbol{D}}{\partial t}$ 加上去以后，电磁学整个地就变了样了。如何评价麦克斯韦的这一举动呢？杨振宁先生曾写道："我想知道，在做出如此巨大的发现后，麦克斯韦是否曾在祷告的时候因为揭示造物主的最大秘密之一而请求宽恕。"

麦克斯韦是在1862年对其1861年的文章《论物理的力线》（*On Physical Lines of Force*）所做的增补中提及位移电流的，在1864—1865年的《电磁场的动力学理论》（*A Dynamical Theory of the Electromagnetic Field*）一文中，麦克斯韦利用这个位移电流项推导出了波动方程。但是，他是如何想到位移电流这个概念并要把它加入电磁学定律的呢？很难从麦克斯韦的文章中找到确切的说明。也可能因为这个原因，有人对麦克斯韦的做法颇有微词，认为（位移电流）就是在"没有恰当的观测现象要求对电流理论作这个扩展"的情况下，仅仅根据与力学模型的类比建立的，这根本是"不可信赖的轻率"（P. Duhem语）。考虑到麦克斯韦是通过纯粹理性的思考集成电磁学的，下面的一个说法也许有一定的可信度。考察没有位移电流项的安培环路定理 $\nabla \times \boldsymbol{H} = \boldsymbol{J}$，设想电流是从一点发出的球对称的电流，则对称性要求磁场强度 $\boldsymbol{H}$ 也是球对称的，但球对称的 $\boldsymbol{H}$ 其旋量 $\nabla \times \boldsymbol{H}$ 除非为零，否则无法也是球对称的。这就是

说此情景下方程 $\nabla \times \boldsymbol{H} = \boldsymbol{J}$ 不能成立——此方程有内在的缺陷。修补这一缺陷的一个简单做法是在方程右侧添加一个额外的电流项。电磁学还有哪个物理量具有电流的性质呢？$\frac{\partial \boldsymbol{D}}{\partial t}$！当然了，可以添加这一项是因为电场和磁场形式上存在互反关系（reciprocity）。既然有变化的磁场产生电场一说（第三个方程），那自然有变化的电场产生磁场的可能。

参考文献

[1] James Clerk Maxwell. On Physical Lines of Force. Philosophical Magazine and Journal of Science, 1861.

[2] James Clerk Maxwell. A Dynamical Theory of the Electromagnetic Field. 1864: 459-512.

[3] Chen-Ning Yang. The Conceptual Origins of Maxwell's Equations and Gauge Theory. Physics Today, 2014, 67(11): 45-51.

[4] P. Duhem. Les Théories Electriques de J. C. Maxwell. A. Hermann, 1902: 228.

[5] Giovanni Vignale. The Beautiful Invisible: Creativity, Imagination, and Theoretical Physics. Oxford University Press, 2011. 中译本为《至美无相：创造、想象与理论物理》，曹则贤译，中国科学技术大学出版社，2013。

克劳修斯（Rudolf Clausius，1822—1888），德国物理学家、数学家，他为科学带来了最不易理解的一个概念——熵。

克劳修斯——伤人智商的熵

人类社会的第一次工业革命肇始于对煤的开采利用。为了将矿井中的渗水抽走，约在1713年前后，英国工程师成功制作了第一台用于抽水的热机——用煤烧水去驱动机械装置抽水。此后，改进后的热机用于驱动车辆，再把矿井中运煤的轨道从地下挪到地上，于是有了火车和铁路；把热机装上大船，于是有了轮船。以火车和轮船为标志的工业革命让蛮荒之地的英国迅速成了日不落帝国。

紧邻英国的法国自然是受工业革命影响最大的国家之一。法国工程师投入了大量的精力制作热机，这期间他们想方设法，努力去提高热机的效率。然而，很快他们就发现他们的努力是徒劳的，虽然热机效率还很低（约为3%），但似乎已经触到了天花板。一个自然而然的问题是，热机效率上限到底在哪里，它又是由什么因素决定的？1824年，天才的法国工程师卡诺（Sadi Carnot）对这个问题给出了一个描述性的回答：

1. 热机效率的上限不依赖于工作介质；

2. 只涉及等温和绝热过程的理想热机能达到最大效率。理想热机采用可逆过程和可逆循环*，且效率只和温度有关。

1834年，另一个法国工程师克拉珀龙（Émile Clapeyron）试图将卡诺的思想加以数学化，他第一次给出了理想热机所采用的卡诺循环的图解（图1）。卡诺循环涉及一高一低两个温度，工作介质经历在高温 T_1 下的等温膨胀后脱离高温源，接着经绝热膨胀降至低温 T_2；和低温源 T_2 接触，经历一个等温压缩过程后脱离低温源，接着经绝热压缩回到初始状态。工作介质在等温膨胀过程中自高温源吸收热量 Q_1，在等温压缩过程中向低温源放出热量 Q_2，$Q_1 - Q_2$ 就是热机在一个循环过程做功所消耗的热量。卡诺1824年的文章和克拉珀龙1834年的文章是热力学的萌芽，卡诺循环是热力学的基础概念。可是，上述的分析没有回答效率上限在哪里的问题。此外，人们注意到热量可以自发地从高温传到低温什么都

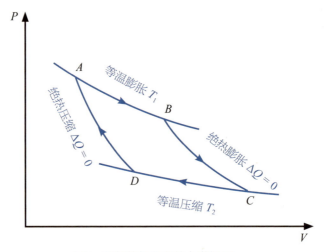

图1　理想热机采用的卡诺循环

---

* 可逆过程中经历的状态都是工作介质的平衡态，但两平衡态之间实际上不可能存在任何可逆的过程。但为什么我们还用可逆过程作为讨论理想热机的基础呢？这就是理性思维的力量。打个不太恰当的比方：设想大地上有一条河，虽然你从河上一点到河上另一点只能通过脚踏地面走过某段陆路的方式来实现，但这也不妨碍我们以为你是沿着河面从一个码头"漂泊"到了另一个码头的。

不做，也可以被热机利用来做功，但是热量却不会自发地从低温处流向高温处。显然，除了做功等于 $Q_1 - Q_2$（即后来的热力学第一定律）以外，卡诺循环中还有尚待挖掘的内容。二十多年后，热力学创立的第三号人物，德国人克劳修斯出场了。

克劳修斯1844年毕业于德国柏林大学，1847年在哈勒大学获得博士学位，1855年成为瑞士苏黎世联邦理工学院的教授。从1850年开始，克劳修斯陆续发表了多篇关于热的理论的文章，其间于1865年正式提出了熵的概念。连同同时期英国物理学家开尔文爵士的工作，热力学这门学科此时算是正式被创立了。热力学作为一门科学，其关键概念，也是后人学习热力学时的最大障碍，就是熵。

面对图1中的卡诺循环，人们能从中构造出什么关系来描述这个循环的特征呢？以纯数学的、马后炮式的观点来看，因为其中只涉及热量 Q 和温度 T ，且在两个过程中 $\Delta Q = 0$ ，而在另两个过程中 T 为常数，因此关系式

$$\oint \frac{\mathrm{d}Q}{T} = 0$$

会是一个不错的选择，符合简单加明确的审美原则。这正是克劳修斯最终得到的关系式。不过，当年克劳修斯从物理角度的思考得到这个关系式，可不是一件容易的事情。

克劳修斯在卡诺循环上看出的门道，借用了补偿（和等价性有关）的概念。克劳修斯考察了热-功、功-热转换以及热机循环，对"功可以在不引起其它效应的情况下转化成热，但热转化成功就不行；热可以在不引起其它效应的情况下自高温处流向低温处，但自低温处流向高温处就不行"的现象进行了深入的思考。克劳修斯把这些过程分成正、负两类：那些无须产生其它会被保留之变化的过程，是正的，如热自高温处

向低温处的转变和自功向热的转变；而那些必须出现其它变化的过程，则是负的，如热自低温处向高温处的转变和自热向功的转变。对于可逆循环，其中发生的事情应该是互相补偿了的（compensiert[*]），即所涉及的功呀热呀什么的，它们有某个等价量（德语为Aequivalenz，英文为equivalence），其代数和为零——否则这循环就不应该发生。在卡诺循环中，假设自高温热源吸收热量为

$$Q_1 = Q_W + Q_2$$

其中 Q_W 转化成了功，而 Q_2 流入低温热源。Q_W 在温度 T_1 上转化成了功，其等价量的值为 $-Q_W f(T_1)$；而 Q_2 流入低温热库，涉及了 T_1 和 T_2，其等价量的值为 $Q_2 F(T_1, T_2)$，这里的 $f(T)$ 和 $F(T, T')$ 是性质待定的函数。对于函数 $F(T, T')$，显然应该有

$$F(T_1, T_2) = -F(T_2, T_1)$$

那么，$f(T)$ 和 $F(T, T')$ 之间该有什么样的关系呢？克劳修斯写到，可以把在高温处吸取的热量 $Q_1 = Q_W + Q_2$ 看成全转化成功了，而传递给低温源的热量 Q_2 也可权当是由功转化而来的。过程的可逆性意味着这两个看法对应的等价量的值相等，即

$$-(Q_W + Q_2)f(T_1) + Q_2 f(T_2) = 0$$

也可以把在高温处吸取的热量之 Q_W 部分看成转化成了功，而热量 Q_2 部分是自高温源直接传递给低温源的，则循着前面的思路可得

$$-Q_W f(T_1) + Q_2 F(T_1, T_2) = 0$$

由此可得到关系式

$$F(T_1, T_2) = f(T_2) - f(T_1)$$

克劳修斯继续写到，根据一个"日后会变得明了"（der später ersichtlich werden wird）的原因，可以取 $f(T) = \dfrac{1}{T}$，则有

$$\frac{Q_w}{T_1} - Q_2\left(\frac{1}{T_2} - \frac{1}{T_1}\right) = 0$$

至此，在克劳修斯的视野里出现了 $\dfrac{Q}{T}$ 这样的量。正是关于循环过程中量 $\oint \dfrac{\mathrm{d}Q}{T}$ 的研究，才导致了熵概念 S 的引入。因为环路积分 $\oint \dfrac{\mathrm{d}Q}{T}$，可把经过 A, B 两点的环路看成是由从 A 到 B 的两条路径 γ_1, γ_2 拼接而成的，则 $\oint \dfrac{\mathrm{d}Q}{T} = 0$ 意味着

$$\int_{\gamma_1} \frac{\mathrm{d}Q}{T} = \int_{\gamma_2} \frac{\mathrm{d}Q}{T}$$

既然 $\dfrac{\mathrm{d}Q}{T}$ 的路径积分与路径无关，它就只和路径的端点有关，因此可以引入新的变量 S，有

$$\mathrm{d}S = \frac{\mathrm{d}Q}{T}$$

这个新引入的、只和物质状态有关的量 S，克劳修斯把它称为"熵"（entropy，来自 energy + trope），字面上就表明它是一个描述能量转换过程的物理量。有了熵 S 这个概念，进一步地有了热力学的主方程（cardinal equation）

$$\mathrm{d}U = T\mathrm{d}S - p\mathrm{d}V$$

热力学才真正成为一门科学。

克劳修斯引入熵这个所谓的等价量，是为了说明理想热机过程中的能量转换是以某种方式相互补偿了的。补偿，德语动词为kompensieren，就是均衡、平衡、抵消的意思。但是，相当多的英文和中文热力学文献把补偿理解成了能量守恒层面上的事情，比如把 $Q_w + Q_2 \mapsto Q_1$ 理解为要想把热量 Q_2 自低温源 T_2 送入高温源 T_1，必须要做功 Q_w 作为补偿。但是，若

$$Q_w + Q_2 \mapsto Q_1$$

成立，则

$$Q_w + Q_2 + Q_0 \mapsto Q_1 + Q_0$$

对任意 Q_0 也必然成立，但事实显然不是这样。克劳修斯的补偿是说对于 T_2 处的 Q_2，要把它送入高温源（T_1）需要一个**唯一的**做功量 Q_w，满足

$$\frac{Q_w + Q_2}{T_1} - \frac{Q_2}{T_2} = 0$$

熵这个概念是被克劳修斯作为某种等价量引入的。热力学第一定律也是说热和功之间存在某种等价，所以有热功当量的问题。热力学第二定律，说起来有趣，也是出现在热力学第一定律之前的。等价的概念，可以说是德国哲学的传统意识。熵是等价量，它不区分热量与功；货币是一般等价物，它不区分农产品与工业品；能量是一般等价量，它不区分运动与位型。一块被向上抛起的石头，它把运动速度 v 转化为高度 h。可以为运动速度和高度引入一个等价量来描述这种转化，

$$\frac{1}{2}(v_1^2 - v_2^2) = g(h_2 - h_1)$$

由此可导出机械能守恒定律。德国哲学的威力，就这样被克劳修斯、爱因斯坦、马赫等人一遍一遍地用于推进物理学的进展。

参考文献

[1] Ernst Mach. Principles of the Theory of Heat. D. Reidel Publishing Company, 1986.

[2] 曹则贤. 熵非商——The Myth of Entropy. 物理, 2009, 38(9): 675-680.

[3] 曹则贤. 什么补偿！物理, 2015, 44(5): 343-345.

　　玻尔兹曼（Ludwig Boltzmann, 1844—1906），奥地利物理学家，也当过数学教授、写过诗。玻尔兹曼是统计物理发展史上的关键人物，他的熵公式 $S = k_B \log W$ 是连接微观世界与宏观世界的桥梁。

玻尔兹曼——不可以与不可几

如果我们仔细看看引力场中的牛顿运动方程 $m\dfrac{\mathrm{d}^2 r}{\mathrm{d}t^2} = -\nabla\varphi(r)$，会发现引力场中的运动是时间反演对称的，就是你把时间 t 换成 $-t$，方程形式不变。再看看麦克斯韦的电磁学波动方程 $c^2\nabla^2\psi = \dfrac{\partial^2\psi}{\partial t^2}$，也是这样。这些描述运动的方程都是时间反演对称的，可是我们在大自然中观察到的现象却几乎总是时间上单向的：一团气体会自动充满整个容器，没谁见过气体又自动聚集到容器的一角；一副牌多洗几遍花色就均匀了，几曾见过牌会洗得像出厂时那样齐整？如果说我们看到的现象是由那些物理规律所决定的，那物理定律的时间反演对称性同自然现象的单向性之间显然存在矛盾，该如何解释？调和这个矛盾的物理学就是统计物理。统计物理是从十九世纪后半期经由麦克斯韦、玻尔兹曼到爱因斯坦等人发展起来的。

玻尔兹曼1863年进入维也纳大学学习物理，于1866年在22岁时获得博士学位，其导师为斯特番（Joseph Stefan）。该导师和玻尔兹曼一起研究过黑体辐射，得出了辐射强度同温度四次方成正比的所谓Stefan-Boltzmann公式，他还引导玻尔兹曼去关切麦克斯韦关于气体运动论的研究，可以说是玻尔兹曼投身统计物理的引路人。玻尔兹曼天资聪颖，在25岁时就成了格拉茨大学的数学物理教授，后来于1873年转入维也纳大学任数学教授，1876年回到格拉茨大学任实验物理教授，1890年在慕尼黑大学任理论物理教授，1893年任维也纳大学理论物理教授。在1876—1890年间，玻尔兹曼在格拉茨度过了14年的美好时光，在那里他发展了统计物理的概念。

玻尔兹曼是个笃信原子作为实在的人，他认为组成物体的原子、分子[*]的性质决定了物体的宏观性质。虽然原子的观念可以追溯到古希腊，但是一直到二十世纪初，其真实性还是存疑的，人们不过是把原子的概念当成方便的说法或者理论性的构造，或者干脆是数学上的一个技巧。把物理建立在原子、分子的基础上，光有信念是不够的——哪怕是建立起了貌似合理的物理理论也还是不够。

在谈论玻尔兹曼的思想之前，不妨先了解一点儿扑克牌游戏的知识。从一堆扑克牌中随机抽取，比如三张牌，你会发现都是黑牌和都是红牌的机会一样多，两黑一红和两红一黑的机会也一样多，但出现后一种情形的机会是前一种情形的三倍。如果是抽四张牌，你会发现都是黑牌和都是红牌的机会一样多，三黑一红和三红一黑的机会也一样多，但出现后一种情形的机会是前一种情形的四倍；此外，两黑两红的机会最大，是全黑或者全红情形的六倍。如果把一把牌比作一个宏观物体，那单张牌就是原子，一把牌的花色分布（一个宏观物体的性质）就是由单张牌的花色（原子的性质）组合所决定的。玻尔兹曼的思想就是宏观系统以某个特定性质出现的机会对应能拼凑出这个特定性质的原子微观组

---

[*] 那时的分子 molecule，可不是我们今天理解的水分子 H_2O、氧气分子 O_2 这样的存在。molecule，就是一小团，即原子的小集团，没有什么具体的特征可言。一些老文献没有清晰地区分原子和分子这两个概念。

合的数目，引申来说，系统的平衡态对应系统微观状态数目最大的状态。比如，四张牌两红两黑的几率最大，是 $\frac{6}{16}$；六张牌三红三黑的几率最大，是 $\frac{20}{64}$……如果是很多很多张的一把牌，一半黑一半红的机会就越来越小。但是，但是啊，偏离半黑半红分布的机会更小，小到相对来说简直就等于零。也就是，如果牌的张数很大很大，你敢肯定它差不多就是半红半黑的——这就是一副牌的平衡态。当然了，一千张也难免有个三张五张的偏差。玻尔兹曼把宏观系统性质出现的机会对应可能的微观组合数目的思想，相当于把"不可能"（impossible）的问题转换成了"不可几"（improbable）的问题。像气体分子不会自动聚集到容器的一角的问题，不是说有任何物理定理阻止气体这样做，也就是说不是原则上不允许，而是这种景象出现的相对机会太小了，小到你不妨把这个可能性就当作零。再举一个不是严格贴切的例子，你把一杯水倒入大海，再赶紧舀回一杯水。没有任何物理定律限制你舀回原来的那杯水，但是水分子的随机运动使得这一切能发生的机会约为零。

玻尔兹曼把他的统计思想用到了气体分子运动论上。早在1860年，麦克斯韦就得出了气体在不同温度下分子数随运动速率的分布

$$f(v) \propto e^{-v^2/aT} d^3 v$$

其中 T 是温度，a 是个常数。如果玻尔兹曼能用他的统计思想得出麦克斯韦分布，那无疑是他的统计思想和原子论的胜利。玻尔兹曼在1877年做出了一个革命性的大胆假设，他不仅假设物质是由原子组成的，而且还假设原子的动能只能是某个单位能量 ε 的整数倍——这是关于能量量子最早的思想。假设能量为 $\lambda\varepsilon$ 的原子数为 n_λ，则必然有

$$n_0 + n_1 + \cdots + n_\lambda + \cdots = N, \quad (n_0 \times 0 + n_1 \times 1 + \cdots + n_\lambda \times \lambda + \cdots)\varepsilon = E$$

这里 N 是原子总数，E 是系统的总能量。所谓的平衡态，按照玻尔兹曼的思想，就是数 $N!/\prod_\lambda n_\lambda!$ 最大的状态。在前两个约束前提下求 $N!/\prod_\lambda n_\lambda!$ 取最大值的条件，会发现近似地是 $n_\lambda \propto e^{-\beta\lambda\varepsilon}$，$\beta$ 后来被证实是同温度成反比的一个数。玻尔兹曼假设能量取分立的、单位整数倍的值纯粹是个数学技巧，他转回头来又将能量连续化，即把作为能量单元倍数的整数用实数给替换了，于是就得到了麦克斯韦分布。玻尔兹曼的这个行为，相当于随手掐灭了他自己点燃的革命之火。他之所以轻易做到了这一点，是因为客观上他能做到。普朗克就不像玻尔兹曼那样（不）幸运，1900—1905年间普朗克无法掐灭自己点燃的革命之火，于是他成了一个违背自己意志的革命家。

玻尔兹曼的思想为物理学带来的巨大推动是导致了热力学之关键概念熵 S 的表述。平衡态对应微观状态数最大，而热力学说平衡态是熵最大的状态，这意思是说熵和系统的微观状态数正相关。考虑到熵是热力学中的广延量，也就是说，若把一个物理体系数学地划分为 A, B 两部分，就要求系统的熵 $S = S_A + S_B$；而在经典概率论中，若一个体系被数学地划分为 A, B 两部分，则系统的总状态数 $W = W_A \cdot W_B$。这样，把熵同微观状态数联系起来的一个可能方式就是公式

$$S = k_{\mathrm{B}}\log W$$

其中 k_{B} 是个常数。k_{B} 现在被称为玻尔兹曼常数，与光速 c、普朗克常数 h 和引力常数 G 一起被当作宇宙的自然常数。公式 $S = k_{\mathrm{B}}\log W$，即熵公式，是物理学上最重要的公式之一。有趣的是，这个熵公式可说是玻尔兹曼基于统计思想得到的，是最能表现玻尔兹曼对物理学的贡献的（图1），但却是普朗克在1900年给写成这样的形式的。熵公式提供了连接宏观世界与微观世界的桥梁，据说它还是薛定谔写出量子力学波动方程的出发点。

图1　维也纳中央墓地中玻尔兹曼的墓碑，上书熵公式 $S = k\log W$

参考文献

[1] Carlo Cercignani. Ludwig Boltzmann, The Man Who Trusted Atoms. Oxford University Press, 1998.

[2] James Clerk Maxwell. Illustrations of the Dynamical Theory of Gases. Philosophical Magazine, 4th series, 1860, 19: 19-32 & 20: 21-37.

[3] Max Planck. Über das Gesetz der Energieverteilung im Normalspektrum. Annalen der Physik, 1901, 309(3): 553-563.

伦琴（Wilhelm Conrad Röntgen，1845—1923），德国物理学家，因发现X射线而成为第一个诺贝尔物理学奖获得者。伦琴的名字还被用来命名第111号元素。

伦琴——不明射线 X

　　当今世界的最高科学奖项是诺贝尔奖，无数科学家都梦想着有朝一日自己能成为诺贝尔奖获奖者中的一员。1901年，首届诺贝尔物理学奖被授予德国物理学家伦琴，奖励他发现了X射线。伦琴于1865年进入瑞士苏黎世联邦理工学院学习机械工程，四年后从苏黎世大学博士毕业，自1876年起被聘为物理学教授，其先后任职的大学包括法国的斯特拉斯堡大学，德国的吉森大学、维尔茨堡大学和慕尼黑大学。伦琴在1888—1900年间在维尔茨堡大学致力于用各种真空管研究阴极射线，正是此项研究导致他于偶然中发现了X射线。从X射线的名字就可以看出，当时人们对这种射线的出现毫无心理准备。

　　X射线的发现是个很长的故事，这要从给金属电极带电说起。金属板带上足够的电荷以后会引起放电（即打火花，冬天在黑暗中脱毛衣经常会看到这种现象），这限制了一个极板的带电能力。自1654年真空泵被发明以后，人们把电极置入玻璃管内，研究气压对放电行为的影响。人们发现，给电极加上高电压，自阴极开始的放电火花在稀薄气体中会变长。当玻璃管被抽空到管内的气压约为千分之一标准大气压时，整个

125

玻璃管内会充满光亮。（如今我们知道这是由于电子自阴极起被加速，高速电子同气体分子碰撞引起分子离化所造成的发光。气体不同，发光的颜色也不同。）法拉第敏锐地发现在阴极前面总有一段暗区。十九世纪七十年代，英国科学家克鲁克斯（William Crookes）掌握了把气压降到大气压的百万分之一的技术。在玻璃管中气压被不断降低的过程中，人们发现随着气压的减小，阴极前面的暗区不断向前延长直至达到玻璃管的另一端。这时，整个玻璃管内的发光不见了，但阴极对面的玻璃管此时却发出了荧光。给玻璃管内部涂上硫化锌涂层，荧光会更亮；在阴极前方放置一个物件则会在阴极对面的玻璃管壁上留下影子（图1）。1869年，德国物理学家西托夫（Johann Hittorf）推测有某种不可见的东西从阴极跑出来直奔前方，戈德斯坦（Eugen Goldstein）将之命名为cathode ray（阴极射线）。

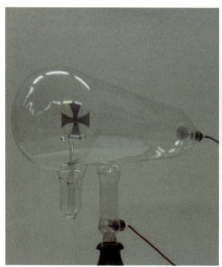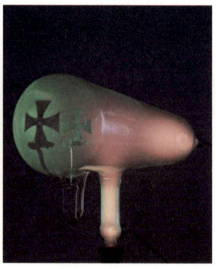

图1　克鲁克斯真空放电管，尖端部分为阴极，阳极在底部。虽然大部分阴极射线会飞向阳极，但一部分仍会打到阴极对面。注意，右图中十字阴影周围的颜色同气体放电的颜色是不一样的

阴极射线引起了许多物理学家的兴趣。1875年克鲁克斯对真空放电管做了改进，阳极被移到了玻璃管侧面，阴极对面的空间都给腾了出来（图1）。人们不仅在玻璃管内加装了铁十字，有人还加进了一个小风车，阴极射线打在风车上能让风车转起来，这让人们想到阴极射线具有动量，是某种粒子。在玻璃管外加上电场和磁场，发现阴极射线会随之发生偏转。这一系列的研究结果确定了阴极射线是一种带负电的粒子，今天我们管它叫电子。

德国物理学家伦纳德（Philipp Lenard）对真空放电管做了另一种改进。他使用铝箔在玻璃管上制作了一个小窗口，其目的是要让阴极射线透过铝箔被引出来加以研究。铝箔要足够薄以便让阴极射线能够顺利透过，但这造成了一个问题：当给玻璃管抽真空时外部气压又很容易把铝箔压破。作为解决方案，铝箔外侧是贴在纸板上的——这纸板自然也会把玻璃管内因气体放电发出的可见光给挡住了。这样倒好，避免了玻璃管内发光的干扰。

伦琴的实验室里有各种放电管。1895年11月，伦琴在使用伦纳德放电管研究阴极射线时，发现把涂有氰亚铂酸钡的玻璃板放在离铝箔窗口不远处，会看到氰亚铂酸钡发出荧光。伦琴认为这是阴极射线穿透了铝箔和铝箔后面的纸板打到了荧光材料上，伦琴进而想到克鲁克斯真空管尽管玻璃很厚，阴极射线也是能跑出来的。为了测试这个想法，伦琴用黑纸板把克鲁克斯放电管整个儿给包起来，然后给放电管加上电压。为了看看纸板是否透光，伦琴关上了实验室的灯。奇怪的事情发生了，在黑暗中伦琴发现离放电管一米多远的涂有氰亚铂酸钡的玻璃板发出了微弱的亮光。把放电管用厚纸板和铝箔挡住，依然还能在远处不是正对着窗口的涂有氰亚铂酸钡的玻璃板上产生亮光。伦

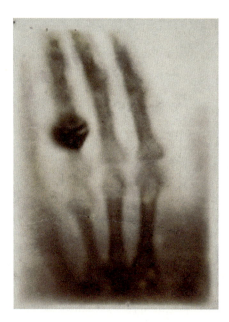

图2 第一张人体X射线透射照片

琴判定，放电管产生了一种看不见的、不同于阴极射线的射线。因为对这种射线毫无预期，对其来源与性质也不清楚，于是伦琴将之命名为X射线。

如今我们知道，高能电子打到固体上会因轫致辐射发射连续谱的X射线，激发固体中的内层电子还会发射特征X射线。因此可以想象在使用真空放电管进行研究时，各种放电管都可能发射出X射线。实际上，在1880年前后，很多阴极射线的研究者注意到实验室里的相纸莫名其妙地被曝光，出现了不规则的斑点，但是却没人深究这里的原因。伦琴发现了X射线以及它能穿透玻璃和铝箔的事实后，对如何阻挡这种人们不太了解的射线产生了兴趣，他开始研究X射线在各种物质中的穿透能力。有一次在抱着铅板走入放电管和荧光屏之间时，他在荧光屏上看到了自己骨骼的投影。1895年12月22日，他让X射线穿过自己夫人的左手，拍摄了第一张人体的X射线透射照片（图2）。

X射线能够为人类的骨骼成像表明它有巨大的医学价值，接下来的几年里，X射线探伤很快成了医院里一项成熟的检验技术。如今，随着X射线源技术、计算机图像处理技术的发展，X射线CT扫描技术已经能够为一个动物的骨骼、软组织和毛发同时提供清晰的高分辨图像。X射线还会如何影响我们的生活和科学进展，我们无法想象。

今天，在很多地方X射线还被称为"伦琴射线"。伦琴的名字还被用来命名第111号元素（Roentgenium）。

普朗克（Max Planck, 1858—1947），德国物理学家，量子力学的奠基人之一，以其名字命名的马克斯·普朗克协会是德国重要的科学研究机构。

普朗克的常数

科学家也是俗人，会设立各种有品没品的、有信誉没信誉的奖项变着法儿捞名利。有趣的是，科学史上有一个物理学家获得了以自己名字命名的奖项，这个人就是德国物理学家、量子物理奠基人之一的普朗克。1929年，普朗克和爱因斯坦分享了首届马克斯·普朗克奖（图1）。当然了，德国物理学会设立马克斯·普朗克奖以奖励理论物理方面的重要成就，那是因为普朗克本人因其对热力学和量子力学的贡献而享有崇高声望的缘故。

图1　1929年普朗克与爱因斯坦分享首届马克斯·普朗克奖

普朗克1858年出生于德国基尔，在慕尼黑完成中学教育，1874年入慕尼黑大学学习物理。据说物理教授约利（Philipp von Jolly）曾劝普朗克不要学物理，因为物理学领域的东西已经被人们发现完了，剩下的就是一些修修补补的活儿。普朗克的回答是他没想去发现什么新东西，只是想弄懂已有的物理学基础而已。与许多连科学是何物都不知道的少年动辄发誓要做出伟大科学发现相比，普朗克学物理还真是揣着一颗平常心开始的。

普朗克1877年到柏林大学待了一年，在那里遇到的教授是赫尔姆霍茨（Hermann von Helmholtz)、基尔霍夫（Gustav Kirchhoff）和魏尔斯特拉斯（Karl Weierstrass）这样的名家。然而，其间普朗克自学了克劳修斯——就是引入熵这个概念的克劳修斯——的手稿，这引导他走上了研究热学的道路。普朗克的博士论文题目是《论机械观热学的第二定律》。1885年到基尔大学当副教授时研究热学，尤其是熵的概念，并将之应用到物理化学这一领域。1897年，普朗克（那时已是柏林大学教授）出版了著名的《热力学教程》（图2）。按照德国物理学会纪念普朗克150周年诞辰的说法，普朗克是个把一生献给热力学研究的人。具有讽刺意味的是，普朗克研究黑体辐射此一热力学问题时引入了作用量量子 h，开启了量子力学[*]，但如今除了还想弄明白物理的物理学家以外，很少有人去关注普朗克的热力学思想了，他的那本经典教科书也鲜有人提及。普朗克的热力学研究成果之一是把热力学的主方程 $dU = TdS - pdV$ 改写成了 $dS = \frac{1}{T}dU + \frac{p}{T}dV$ 的形式，由此可以得到一个表达式 $\left(\frac{\partial S}{\partial U}\right)_V = \frac{1}{T}$。

---

[*] 最先引入能量量子概念进行研究的是玻尔兹曼。1877 年玻尔兹曼在假设分子能量为某个单位值之整数倍的基础上得出了气体分子的能量分布定律，即麦克斯韦－玻尔兹曼分布，见本书玻尔兹曼一节。

图2 普朗克的经典著作《热力学教程》

正是基于这个式子，普朗克构造出了黑体辐射公式，打开了量子力学的大门。

黑体辐射问题源自对电灯泡之发光与发热之间关系的研究，愚以为其依赖的模型来自壁炉的形象。黑体辐射问题可以表述如下：对于一个腔体，在不同温度下达到平衡态时，其辐射的强度随频率（或者波长）变化的关系是怎样的？通过测量实际的腔体在不同温度下泄露出来的部分辐射之强度对波长的依赖关系，可以得到非常规则的实验曲线，如图3所示。仔细研究这张图，人们发现，在任何温度下辐射强度随波长的变化都是一样的：波长很小时，辐射强度为零；随着波长的增加，辐射强度先迅速增加到一个峰值，然后就随着波长缓慢下降至零。进一步地，人们发现峰值所在处的波长与温度 T 成反比，而曲线下方的面积，即辐射总强度，与 T^4 成正比。这两个发现都被名之为定律。可是，这算什

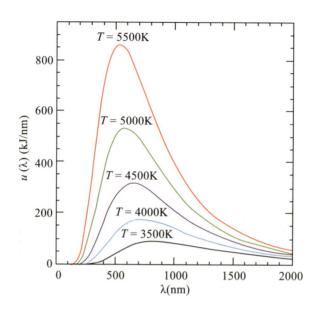

图3　黑体辐射谱，即不同温度下辐射能量密度对辐射波长的依赖关系

么物理定律呢？如果能够给出辐射强度随辐射波长（或频率）变化的函数，则黑体辐射所有的信息都在函数的形式里面了，哪里用得着去这么总结定律呢？这个问题引起了很多人的研究兴趣。

　　普朗克在一番尝试后祭出了他的公式 $\left(\dfrac{\partial S}{\partial U}\right)_V = \dfrac{1}{T}$。这个公式里有温度 T、热力学的内能 U 以及熵 S。如果给出一个作为辐射频率 v 和给定辐射频率下的辐射能量密度 $U_v{}^*$（**权当内能 U 来处理**）之函数的熵 S 的表达式，配合上述公式就能得出辐射能量密度 U_v、温度 T 和频率 v 之间的关系，说不定就能够描述图3所示的实验结果。普朗克先尝试着用

---

* 辐射能量密度，如图 3，是单位频率或者单位波长上的辐射能量，单位是 Joule/nm。普朗克这里针对任意给定频率上的辐射能量，单位应为 Joule（焦耳）。

$S_v = -\dfrac{k}{hv} U_v \ln\dfrac{U_v}{ehv}$，其中e是自然常数，$k$是玻尔兹曼常数，而那个后来被称为普朗克常数的 h 现在被引入只是为了同频率v和U_v一起凑成一个无量纲的 $\dfrac{U_v}{hv}$。此一熵的表达式意味着 $\dfrac{\partial^2 S_v}{\partial U_v^2} = \dfrac{k}{hvU_v}$，可解得 $U_v = \dfrac{hv}{e^{-\frac{hv}{kT}}}$。这个公式离实验曲线还有些偏差，但是在高频端同实验曲线是吻合的，也就是虽不中亦不远矣。于是，普朗克对

$$\frac{\partial^2 S_v}{\partial U_v^2} = \frac{k}{hvU_v}$$

做了点儿小改动，把它改成

$$\frac{\partial^2 S_v}{\partial U_v^2} = \frac{k}{(hv + U_v)U_v}$$

解这个方程得到的结果是

$$U_v = \frac{hv}{e^{\frac{hv}{kT}} - 1}$$

令人惊讶的是，这个公式完美地拟合了图3中的实验曲线。老天，这也太意外了吧。普朗克报导这个结果几天后，库尔鲍姆（Ferdinand Kurlbaum）就算出了 $h \approx 6.55 \times 10^{-34}\,\mathrm{J \cdot s}$。后来人们问起普朗克是怎么想起这些主意从而得到这个令人惊讶的结果的。普朗克的说法是，那仅仅是"Glücklich erratenes Gesetz doch nur eine formale Bedeutung"，即"幸运地瞎猜得到的从而只具有形式意义的定律"。显然，这样得到的定律及其过程连普朗克自己都不肯信服。可是，这个定律或者公式确实和实验结果符合得天衣无缝呀。一定有个合理的解释，普朗克想。

　　普朗克试着从别的途径为他的黑体辐射公式找寻合理性的证据。既然公式是从假设的熵的表达式开始的，而那时候关于熵已经有了玻尔兹曼的统计表达 $S = k_B \log W$，其中W是系统的状态数。玻尔兹曼统

计思想的关键是把平衡态等同于出现的布居数*最大的态。而经典概率玩的大体都是把 P 个球放到 N 个盒子里问有多少种不同方式之类的游戏，涉及的都是整数。普朗克想循着玻尔兹曼的路子，用熵和经典概率的关系来证明他的黑体辐射公式，为此他必须暂且假设 $\frac{U_v}{hv}$ 是个整数 P，这也意味着假设一定频率的光的能量是分成一份一份的，每一份的能量为 hv。进一步地假设这 P 份的能量 hv 是由 N 个谐振子发射的。管它哪来的谐振子，什么样的谐振子，反正这等价于把 P 个球放到 N 个盒子里的问题，布居数最多的状态对应平衡态，于是得到了平衡态时平均能量为 $U_v = \dfrac{hv}{e^{\frac{hv}{kT}} - 1}$，它和上面的结果一模一样！到了这个时候，就得把"$\frac{U_v}{hv}$ 是个整数"这个假设当真了。可是，光的能量真是分成一份一份的？这个说法实在让人无法接受，这可能是关于能量连续的观念太强大了的缘故。普朗克自己就不能接受这种说法，他认为这只能当作个假设而已，不可以当真的。所以，普朗克被人们称为是违背自己意志的革命家。1877年，玻尔兹曼曾作过此一假设，也是没当真，只是当作问题推导过程中的数学技巧。光的能量是一份一份的，即存在基本的能量单元或曰能量量子，此一观念在1905年被爱因斯坦拿来成功地解释了光电效应后，才不得不为人们所接受。

在能量量子的观念被接受后，关于氢原子光谱的研究，以及其它研究，逐渐导致了量子力学的建立。那个普朗克引入的常数 h 也变得重要起来，并被人们称为普朗克常数。实际上它简直就是量子力学的标签。做量子物理的窍门，就是把 h（或 $\hbar = \dfrac{h}{2\pi}$）写入你的方程，就表明那个方

---

* 粗略地讲，布居数就是能满足同一条件的不同状态的数目。举例来说，某种花色的三张牌可能在东西两家牌手的手里。(3, 0) 和 (0, 3) 分布都只有一种可能，布居数为 1；(2, 1) 和 (1, 2) 分布都有三种可能，布居数为 3。这些都是扑克牌选手必备的常识。

程和量子力学有关了。试举两例。为了解释氢原子光谱，若假设发光谱线对应的光子能量是氢原子两个定态轨道之间的能量差，则要求电子在定态轨道上的能量为常数减去一个与整数平方成反比的项。那么，提出什么样的条件才能把电子的能量约束成这样的形式呢？答案是要求角动量是某个常数的整数倍。哪个常数？当然是这个普朗克常数，它的量纲正好就是角动量（或者动量-位置之积）的量纲。这就是索末菲的量子化条件

$$\oint p\mathrm{d}x = nh$$

德布罗意的物质波概念凭借的是如下的方程

$$\lambda = \frac{h}{p}, \quad v = \frac{E}{h}$$

其意思是说若一个能量为 E、动量为 p 的粒子也是波的话，则那波的波长和频率应分别由上述方程给出，连接粒子性质和波性质的量就是普朗克常数 h。其实，薛定谔构造他的量子力学方程时，走的也是这个路子。

　　循着量子力学自身发生的逻辑，量子力学其实一点儿也不难学。不信？试试啊。

参考文献

[1] Max Planck. Über das Gesetz der Energieverteilung im Normalspektrum. Annalen der Physik, 1901, 309(3): 553-563.

　　爱因斯坦（Albert Einstein，1879—1955），德国物理学家，独
力发展了相对论，并对量子力学、统计物理以及科学哲学的发展有
深刻的影响，被誉为"天才中的天才"。

爱因斯坦——能量量子

    爱因斯坦是二十世纪最伟大的科学家，和牛顿一样是所有时代最伟大的科学家。1905年在科学史上被称为"爱因斯坦的奇迹年"，那年他用分子碰撞解释了小颗粒的布朗运动；建立了狭义相对论，得到了质能方程$E = mc^2$；另外他还解释了光电效应。此后在1907—1915年间，他又凭借一己之力构造了广义相对论，并用广义相对论解释了水星近日点的进动；此前，在构建广义相对论的准备阶段他就预言了光线在引力场中的弯折和光谱在引力场深处的红移。在1919年恒星光线经过太阳附近发生弯折的预言被观测证实以后，爱因斯坦一夜之间成了家喻户晓的人物（图1），相对论成了艰深学问的符号，而"爱因斯坦"干脆就是天才的同义词。

    在此后的岁月里，爱因斯坦为解释金刚石的比热提出了声子谱的爱因斯坦模型，帮助建立了固体量子论；为解释氢气在低温下的比热引入了零点能的概念，这是量子力学中的一个关键概念；在研究原子发光问题时提出了受激辐射的概念和辐射场中电子的速率方程，这可是激光的概念基础；等等。在1924年看到印度青年玻色的基于光能级存

图1　1921年的爱因斯坦

在简并度假设的对黑体辐射公式的新推导时，爱因斯坦帮助初出茅庐的玻色把论文翻译成德语发表并顺着玻色的思路往下研究，得出了著名的玻色-爱因斯坦统计，并继而提出了存在玻色-爱因斯坦凝聚的可能。这些事分开来说，每个都是科学史上的一件大事，而且还是趣事。尤为重要的是，在量子力学发展的那些年里，爱因斯坦以其哲学思辨和思想实验影响和塑造了量子力学。这个行止笨拙的教授简直就是"纯粹智慧的化身"。

人们对爱因斯坦的赞誉从来都不吝文辞，但也许杨振宁先生的评价最为专业、中肯："（爱因斯坦是）一个特立独行的思想者，无畏、独立、富有创造性，而且执着。"爱因斯坦独特的学术创造模式一直是科学史研究者探讨的课题，后世很多科学家也苦苦思索，试图得其神韵之一二。从广义相对论那样的学问出发去探究爱因斯坦的学术创造模式殊非易事，但检视

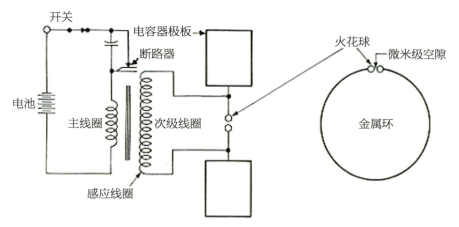

图2　赫兹1887年用来产生电磁波的装置

一下爱因斯坦在解释光电效应上的作为，也能让我们领略爱因斯坦作为物理学革命者的非同凡响。

光电效应源于对金属电极带电问题的研究。1887年，赫兹利用图2中的装置产生电磁波，其中右侧所示的用一根两端连着金属球的金属丝弯成的环状结构用来验证电磁波是否产生。若左侧的电路确实产生了四面传播的电磁波，那么在这个与电路没有任何连接的金属环上或许能观测到某些电磁学现象。事实是，在金属环上的两金属球之间能观察到火花。当然，这火花时有时无，且火花的亮光也很弱，至少是离电磁波发生电路越远就越弱。为了更好地观察电火花，赫兹把金属环放到一个带玻璃窗口的箱子里以屏蔽背景光的干扰。有趣的事情发生了，如果箱子的观察窗口使用的是普通窗玻璃，会看到金属球之间的火花长度明显变短了。把窗口换上石英玻璃，就没有什么影响。石英玻璃允许紫外光的透过，看来是来自日光中的紫外线增强了金属球之间的放电？这就是光电效应的由来。注意这时候的"电"是"electricity"的意思，那时候电子（electron）还没有被发现。

光对放电现象的影响引起了很多人的注意。在接下来的研究中，人们确立了光影响金属带电和放电的一些细节。对于一个带负电的锌球，光的照射会加速它的放电；若锌球不带电，光的照射会让它带上少量的正电；而若锌球一开始就是带正电的，则光照对它的带电没有可观察到的影响。差不多同时期，对平行板充放电问题的研究也有了许多出人意料的进展（图3）。密封在玻璃管中的平行金属板，即电容器，即便把其中的空气都抽出去也未能阻止漏电现象的发生。在加上高电压的情形下，阳极发出的荧光让人们猜测有东西从阴极跑出来了。因为同光线（ray of light）的联系，人们把从阴极里跑出来的东西称为阴极射线——真不知道那是什么东西。进一步的研究发现阴极射线有动量，在磁场、电场下能偏转，这最终导致了电子的发现——阴极射线就是电子流。对阴极射线的系统研究和电子概念的确立，让光电效应研究进入了新的层次。在图3的装置中引入光照的因素，用合适的光去照射阴极可以测量到更大的电流。对电路稍加改造，可以在阴极-阳极上加载一个反向电压，或者说可以在原来的阳极上加负电压。增加这个负电压会抑制电子的发

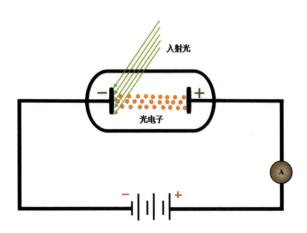

图3　密封在玻璃管中的一对金属平行板。这个看似简单的装置产生了
一批获得诺贝尔物理学奖的研究成果

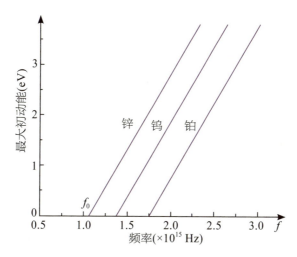

图4 光电效应得到的光电子最大动能随入射光频率变化的特征曲线

射，测到的电流会减少。电流完全消失时的负电压对应光照下从阴极板上跑出的电子所能拥有的最大动能。换用不同的金属材料作为阴极，改变入射光的频率，就得到了图4所示的光电效应的特征曲线。一个重大的物理发现就蕴藏其中。

我们来仔细看看光电效应的特征曲线。对于给定的金属，从其上发射出来的电子的最大动能随着入射光频率的减小线性地减小[*]。当入射光的频率减少到某个特定的值时，电子的最大动能减小到零。或者干脆说，当入射光频率小于某个截止频率时，就不可能从金属中打出电子了。这时候，不管怎么改变入射光的强度也没用了[**]。怎么会这样？小于某个频率的光，不管强度怎样，都不可能从金属中打出电子，那那些

---

[*] 选择光电子最大动能随入射光频率的变化作为研究对象是个聪明之举，因为光电子最大动能不会因入射光强度的抖动而改变。在不同频率上强度都相同的光源可不好找。
[**]这句话是以当时能获得的光源的强度而言的。以今天我们能获得的激光强度，就算频率再低，也能从固体中打出电子，甚至能把固体直接打成等离子体。不过，这和光电效应不是一回事。

光的能量干吗去了？科学家们对此感到非常困惑。

1905年，爱因斯坦在发表了狭义相对论的同时也发表了他对光电效应的解释。没有资料表明爱因斯坦是何时想到对光电效应的解释的，但肯定是在1900—1905年之间。1900年，普朗克为了拟合黑体辐射曲线，并用玻尔兹曼的统计物理思想支持他的结论，假设光的能量是有最小单元的。对于频率为v的光，其能量单元为hv，这个比例系数h后来被称为普朗克常数，是量子力学的标识。但是，光的能量存在最小单元的假设，普朗克是当作数学手段引入的，他自己可接受不了光的能量不连续的说法。爱因斯坦把普朗克关于黑体辐射的工作连同光电效应的实验结果一起考虑，他发现只要接受光的能量存在最小单元的假设，即承认存在光的能量量子，并假设电子对光的能量量子是一个一个地吸收的，就能很好地解释光电效应的实验结果。电子不会自发地从金属中跑出来，说明金属对电子有一定的最低限度的束缚，电子要想跑出来就至少必须克服这个最低限度的束缚能（现在称为逸出功），记为ϕ。则在特定频率的光的照射下，光电子的最大动能

$$E_k = hv - \phi$$

这个线性关系能解释图4的一切特征：电子的最大动能E_k随着入射光频率v的减小线性地减小，当$v = \dfrac{\phi}{h}$时，电子的最大动能减小到零。1922年，爱因斯坦凭借这个工作获得了补发的1921年度诺贝尔物理学奖。

或许有人以为爱因斯坦对光电效应的解释信手拈来，用的都是别人的假设以及实验结果，也太便宜了些。问题没有这么简单。首先，爱因斯坦对普朗克关于黑体辐射的工作是有深刻体会的，他关于光电效应解释的那篇文章大部分是在谈论黑体辐射。他在1924年敏锐地看到玻色工作的价值，并能接下来发展出玻色–爱因斯坦统计的基础

就在于此。显然，这其中牵扯的物理学知识和对物理的认识不止于解释光电效应所需要的那点儿东西。其次，敢于接受光的能量存在最小单元的假设，并大胆假设电子每次只吸收一个光能量量子，在110年前的经典物理大背景下，无论如何都是需要底气的，这底气来自对物理学的通盘把握。在爱因斯坦那里，物理就是物理，那前面似乎不需要再加任何限制性的名词、形容词或者别的什么词。在爱因斯坦的工作中，相对论、热力学、量子力学与统计力学之间从来没有区隔的藩篱。如果说接受光的能量量子假设是偶一为之的机巧，那接受光速不变、为解释氢气比热引入零点能、基于互反律假设两能级间受激辐射和光吸收的系数相等（$B_{12} = B_{21}$）等诸多行为则表明，爱因斯坦是个习惯性的革命家，不仅仅能够接受新思想，而且还能把它纳入自洽的框架，并加入自出机杼的革命性元素，这才是爱因斯坦不同于任何其他物理学家的地方。

参考文献

[1] Chen-Ning Yang. Einstein's Impact on Theoretical Physics. Physics Today, June, 1980: 42-49.

[2] Chen-Ning Yang. Einstein's Impact on Theoretical Physics of 21 Century. Studies in the History of Natural Sciences, 2005, 24: 68-74.

[3] P. A. Schilpp (ed.). Albert Einstein-Philosopher-Scientist. Open Court, 1998.

[4] Albert Einstein. Über einen die Erzeugung und Verwandlung des Lichtes betreffenden heuristischen Gesichtspunkt. Annalen der Physik, 1905: 132-148.

外尔（Hermann Weyl，1885—1955），德国数学家、物理学家，对近代物理学的基础，尤其是群论和规范场论，做出过全方位的杰出贡献。

外尔——长度不可以也改变吗？

外尔是一位伟大的、全能的数学家。按照当代数学家阿提亚（Michael Atiyah）的说法，每当他要仔细地审视某个数学问题时，就会发现外尔已经走在他的前面了。除了数学的各个分支如分析、代数、数论、几何与拓扑外，外尔还将研究深入到哲学以及物理学前沿的时空结构（相对论）和量子力学。最令人惊讶的是，外尔有天分把不同的学问和谐地编织入一个自洽的整体，因此在他那里哲学、数学与物理学并没有明显的界限，这也是他能对数学基础以及物理的数学与哲学基础做出重大贡献的原因。哲学、数学与物理学在外尔身上的完美融合，塑造了一个令世人高山仰止的学者形象（图1）。

外尔1885年出生于德国汉堡，1904年入哥廷根大学师从希尔伯特等人学数学，1908年获博士学位，1910年获得私俸讲师*职位，1913

---

* Privatdozent，汉语都译成"私俸讲师"。实际上这个词意义也在改变。在德国，以前获得这个资格的人可以开课，并从学生缴费中获得报酬。今天，一个人获得私俸讲师意味着他有了教授资格，他所要做的就是等哪里有教授位置的空缺。

图1 外尔，智者的形态

年28岁时成为瑞士苏黎世联邦理工学院的数学教授。在苏黎世，外尔遇到了爱因斯坦，对爱因斯坦当时正为之伤神的广义相对论产生了兴趣。1917年，外尔在苏黎世联邦理工学院讲授相对论，其结果之一就是1918年《空间·时间·物质》（*Raum · Zeit · Materie*）一书的出版。

接下来的几年是新量子力学被构造的物理学革命时代。外尔也对量子力学产生了浓厚的兴趣并及时行动起来，着手研究量子力学的数学基础。作为一个数学家，外尔对薛定谔的《量子化是本征值问题》一定有与他人迥然不同的理解[*]，恰巧早在1911年他就著有《论本征值的渐进分布》一书，是不折不扣的研究本征值问题的专家，也难怪他对量子力学的贡献总与对称性有关，其1928年所著的《群论与量子力学》连同维格纳的《群论及其在原子之量子力学上的应用》是学习群论与量子力学的经典。外尔提出的正负电性的"根本等价性"导致了后来的电荷共轭不变性的提出，关于左右对称性演化成了后来的宇称对称性，这些都是影响理论物理的根本性概念。

外尔对物理学的一大贡献是规范的概念，这导致了后来的规范场论。规范场论代表着物理学中一个即便是愿意投身理论物理的研究者也不易攀登的高度。1918—1919年间，外尔受到了爱因斯坦的引力理论，当然还包括希尔伯特以及克莱因等人的工作的影响，要寻找一种能描述引力与电磁学的几何理论。他注意到要想用黎曼几何描述大自然（爱因斯坦广义相对论所走的路子）就必须将之建立在矢量的无穷小平行移动的概念上，由此引入了不可积尺度因子的概念，可表为 $e^{\int_l d\varphi}$ 的形式。外尔看到对

$$d\varphi = \varphi_\mu dx_\mu$$

添加一项 $d\log(\lambda)$ 不应该影响该理论的物理内容，那么由矢量 ϕ_μ 构成的张量

---

[*] 笔者只能猜测。具体情形如何，正如杨振宁先生所言，那"对我来说是个大大的难解之谜（...is a great mystery to me）"。

$$F_{\mu\nu} = \frac{\partial \varphi_\mu}{\partial x_\nu} - \frac{\partial \varphi_\nu}{\partial x_\mu}$$

就有了某种变换不变性（这样的不变性后来被称为规范不变性）。因此，外尔可以把矢量 ϕ_μ 同电磁学中的磁矢量 A_μ 等同起来（允许差个常数系数），即

$$\phi_\mu = cA_\mu$$

这样，电磁学就和不可积尺度因子这样的几何概念联系起来了。可惜，这个理论意味着因为尺度不同而造成的路径依赖的时间而遭到了爱因斯坦的反对。于是，这个理论被暂时搁置一旁。

令人惊讶的是，量子力学的发展为外尔的规范概念带来了生机。在量子力学中，动量 p 被一个微分算符所取代，即

$$p \mapsto -i\hbar\partial$$

1927年，福柯（Vladimir Fock）和伦敦（Fritz London）指出电磁学中的动量也要作类似的替代，即对电磁学中的量

$$(p - \frac{e}{c}A)$$

作替换

$$(p_\mu - \frac{e}{c}A_\mu) \mapsto -i\hbar(\partial_\mu - \frac{ie}{\hbar c}A_\mu)$$

伦敦指出，这个表达式同外尔理论中的 $(\partial_\mu + \phi_\mu)$ 相似，因此可以取

$$\phi_\mu = -\frac{ie}{\hbar c}A_\mu$$

同前面的 $\phi_\mu = cA_\mu$ 相比，此时系数明确地是个虚数。这个虚数系数的出现让物理发生了震动，不可积尺度因子如今成了不可积的相因子，外尔的理论可以构造电磁学的量子理论。规范场论，原先是外尔试图联系电与引力

但未走通的理论，如今在量子场方程中有了新的形式。对量子力学的波函数 ψ 及其（不可积）相位作变换

$$\psi \mapsto e^{i\lambda}\psi$$

$$\phi_\mu \mapsto \phi_\mu - \frac{\partial\lambda}{\partial x_\mu}$$

其中 λ 是时空坐标 x_μ 的任意实函数，物理定律不变。对应的守恒律就是

$$\frac{\partial\rho_\mu}{\partial x_\mu} = 0$$

即电荷的守恒。因为包含任意函数 λ，规范场论和广义相对论有相似的数学结构。杨振宁先生后来认识到非阿贝尔规范场和广义相对论都具有在数学上称为联络的数学结构。

外尔的规范理论将物理学引向了新的抽象高度。外尔对自己的这项成就也珍爱有加，他这样评价自己的工作：规范不变性之于电荷守恒如同坐标不变性之于能量守恒。那么，是什么样的思路把外尔引到规范变换的概念上去的呢？1950年，外尔在做相对论50年回顾的时候，对此做了披露。那时，数学家和物理学家们在从几何学本身以及广义相对论的需求出发去研究曲面几何。人们发现，沿着曲面（比如球面，见图2）上的一个闭环移动一个矢量（箭头），在移动过程中保持矢量平行于前一个位置，该矢量回到原点时方向发生了变化。方向改变的程度反映曲面的内禀性质。外尔把他1918年的规范变换的思想源头归结于这样的一个大胆想法：如果（描述物理的）矢量绕一个闭环回到原点会改变方向，那为什么不也改变长度呢？照他的原话说，就是 "warum nicht auch seine Länge?"。

是啊，平行移动的矢量（箭头）如果能改变其方向，为什么不也改

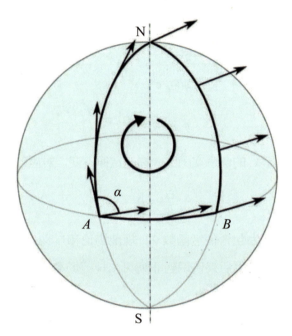

图2 沿着曲面上的闭环平行移动的矢量（箭头），回到原点后其方向一般来说
会改变。为什么长度不可以也改变呢？

变其长度呢？方向、长度都改变的矢量平移，一下子就打开了物理场之
几何描述的大门。伟大的思想看起来竟然如此简单，只是如何才能进入
能产生这样伟大而又简单的思想境界呢？

参考文献

[1] Chen-Ning Yang. Hermann Weyl's Contribution to Physics. Selected
     Papers II. World Scientific, 2013: 78-93.

[2] Hermann Weyl. Philosophie der Mathematik und Naturwissenshaft
     (数学与自然科学之哲学). R. Oldenbourg Verlag, 1976.

[3] Hermann Weyl. Gruppentheorie und Quantenmechanik (群论与量子力学). Hirzel, 1928.

[4] Hermann Weyl. Elektron und Gravitation I. (电子与引力 I.). Z. Phys, 1929, 53: 330-352.

　　诺特（Emmy Noether，1882—1935），德国数学家，因其在抽象代数和理论物理等方面的工作而闻名。诺特深得希尔伯特和爱因斯坦等人的赏识，被称为史上最伟大的女数学家。

诺特——对称性与守恒律

初学物理的时候，一个令人印象深刻的问题是碰撞问题。设想有两个弹球，各有初速度，当它们相互碰撞以后，它们各自的速度会变成怎样的呢（图1）？相信历史上对这个问题感兴趣的人不少，因为碰撞的事件随处可见，理解这个问题有天然的必要性。经过不知多少人的努力，十七世纪时法国的笛卡尔和德国的莱布尼茨提出了动量守恒和动能守恒定律，即对于理想的弹性碰撞，碰撞前后的速度满足如下公式：

$$m_1\vec{v}_1 + m_2\vec{v}_2 = m_1\vec{v}'_1 + m_2\vec{v}'_2$$

$$\frac{1}{2}m_1v_1^2 + \frac{1}{2}m_2v_2^2 = \frac{1}{2}m_1v_1'^2 + \frac{1}{2}m_2v_2'^2$$

此公式中 m 表示弹球质量，$\vec{v}$ 表示速度，等号两边分别表示碰撞前与碰撞后的动量和动能。换句话说，在弹性碰撞问题中，动量和动能是不变量。对于行星运动这样的有势能参与的问题，动能守恒让位于机械能（动能加势能）守恒，而且还有角动量守恒（即开普勒的第二定律）。另一个行星运动问题中的守恒量是拉普拉斯矢量，是个位置矢量，

$$A = -\frac{p \times L}{km} - \vec{r}$$

155

具体意义这里就不介绍了。

一个运动体系中存在一些守恒量，会让运动问题得到简化。十八世纪晚期到十九世纪早期，科学家们发展了一些系统的方法寻找守恒量，哈密顿对此做出了卓越的贡献，包括发展出了正则变换理论和哈密顿–雅可比方程。但是，力学系统存在守恒律的物理基础是什么？有没有办法系统地找出所有的守恒量？对这个问题的回答要等到二十世纪初，直到一位伟大的女数学家登上舞台。

诺特1882年出生于德国巴伐利亚，其父就是数学教授，是那种有用其名字命名的定理的人。诺特一开始受的应该是文科教育，1900年获得了教授法语、英语的教师资格。但是，诺特更想学的是数学，于是就进入其父亲工作的埃尔朗根*大学学习数学。在那个年代，女人到大学学数学是一件极不寻常的事情，当年埃尔朗根大学近一千名学生中只有两名女生。所幸诺特的父亲非常开明，并欣赏女儿的才华；在后来的许多年中，父亲的支持都是诺特得以继续从事数学研究的保证。1907年获得博士学位以后，诺特在埃尔朗根数学研究所私俸工作了整整七年。1915年，哥廷根大学的著名数学家希尔伯特和克莱因教授邀请她加入哥廷根大学的数学系，那可是当时的世界数学中心。可是，保守的德国学者还是反对妇女在大学里教数学，理由竟然是怎么可以让从战场下来的男人（那时候一战还在进行中）跟一个女人学数学。诺特的课都是以希尔伯特名义上的。1919年她才获得私俸讲师的职位。

在哥廷根，有希尔伯特、克莱因这样的大数学家，还有极有天分的学生，诺特的数学才能得到了充分的发挥，在1915年到1933年这段时间，诺特在多个数学领域做出了杰出的工作，包括代数不变量、数域、抽象代数、非交换代数、超复数和群表示理论等等，迅速成为屈指可数的重要数学家。在1932年苏黎世世界数学家大会上，诺特应邀做了大会报告。

希尔伯特和克莱因1915年把诺特请到哥廷根就是为了利用她在变分方面的研究专长。1915年，爱因斯坦发表了广义相对论理论。广义相对论是关于引力的几何理论，希尔伯特发现爱因斯坦理论中的能量守恒也许有些问题。诺特到了哥廷根以后，马上就扩展了哈密顿的变分原理，得出了著名的诺特定理，指出对于一个用作用量表示的力学体系，如果存在作用量的一个微分对称性，则相应地就有一个守恒量。这个守恒量可以由系统的拉格朗日量（其对时间的积分是系统的作用量）和对称性

---

* Erlangen，正确的发音是"埃尔朗恩"；Göttingen，正确的发音应是"哥廷恩"。

一起给出。简单地说，一个守恒律对应物理系统一个连续对称性。对称性和守恒律，这可是理论物理的两大支柱概念。

诺特定理不仅提供了对守恒律的深刻见解，还提供了构造守恒量的工具或曰方法。尤其是，若一个系统我们不知道其作用量形式但通过实验确定了一些守恒量，则诺特定理可用来判断所拟采用的作用量——或者说是拉格朗日量——之形式是否可能正确。这就是前些年基本粒子物理理论的研究范式，有人甚至认为在诺特定理之后才算有现代意义上的理论物理。诺特的这个工作于1915年完成，到1918年才发表。当爱因斯坦看到这篇文章时，他高兴地写信给希尔伯特："昨日收到诺特小姐一篇关于不变量的有趣文章。那些事情可以那样广义地予以理解，这让我印象深刻。哥廷根的老卫道士们应该从诺特小姐那里学着点儿。她看起来懂她所做的东西。"

考察一个拉格朗日量形式上为 $L(q^\alpha, \dot{q}^\alpha; t)$ 的系统，若作用量，即拉格朗日量对时间的积分，在一些连续变换下是不变的，则存在相应的守恒量。若时间演化的生成元是 T_r，广义坐标演化的生成元是 Q_r，则守恒量的形式为

$$\Gamma = (\frac{\partial L}{\partial \dot{q}} \cdot \dot{q} - L)T_r + \frac{\partial L}{\partial \dot{q}^\alpha} \cdot Q_r$$

读者不需要理解这个公式的细节，只要以后见到它感到熟悉、亲切就好。这个定理告诉我们，若描述运动体系的规律具有时间平移对称性，即在什么时刻都是那样的，则这个体系的能量守恒；若具有空间平移对称性，即在什么位置上都是那样的，这个体系的动量守恒；若具有转动对称性，即在什么方向上都是那样的，则这个体系的角动量守恒。

诺特是一个全部身心都投入数学研究和教学的人，且从不计较个人

名利。她在哥廷根大学数学系长期没有薪水，但这丝毫不影响她教课和指导学生的热情。学生们深为诺特的天才所折服。学生之一、俄国的拓扑学家阿列克山德罗夫认为诺特是人类历史上最伟大的女数学家，并亲切地称呼她为"der Noether"。德语冠词der用于阳性名词前，这可能是指诺特的形象和做事风格有些男性化。笔者猜测可能还有另一层意思。冠词der是定冠词，带有敬意，类似英文"the calculus"（微积分）中的定冠词the。相应地，把不定冠词ein加到一个名词上是有讽刺意味的。与英文可以说某人是"a professor"（一位教授）不同，若用德语说某人是"ein Professor"，那可是带有贬义的。

诺特在哥廷根大学数学系一直没有得到重用。即便她已经是名满天下的数学家，她也一直没有拿到正式教授的职位。1933年，纳粹政权上台后解除所有犹太人在德国大学的职位。诺特因为是犹太人，只好匆匆移民到了美国。在美国，诺特的生活有了充分的保障，还有爱因斯坦和外尔这样的著名科学家、同乡互相往来，应该说假以时日，诺特一定还会带给数学界更大的惊喜。然而天妒英才，1935年初诺特体检时发现身体内有一些肿瘤，可能是因为术后感染，竟于当年4月14日不幸病逝。

也许是因为太热爱她的数学事业了，诺特女士终生未婚。

参考文献

[1] Emmy Noether. Invariante Variationsprobleme (不变的变分问题). Nachr. D. König. Gesellsch. D. Wiss. Zu Göttingen, Math-phys. Klasse, Ⅱ, 1918: 235-257. 英译本为 M. A. Tavel. Invariant Variation Problems. Transport Theory and Statistical Physics, 1971, 1(3): 183-207.（见arXiv:physics/0503066v1，尚无中译本）

　　泡利（Wolfgang Pauli，1900—1958），物理学家、量子力学的奠基人之一，以泡利不相容原理获得诺贝尔物理学奖，但更因提出中微子、自旋-统计定理、泡利矩阵而闻名。

泡利——中性的小家伙

泡利是杰出的、多产的且非常有个性的天才物理学家。泡利生于奥地利维也纳，在德国上的慕尼黑大学，后又在德国汉堡大学、美国普林斯顿大学和瑞士苏黎世大学工作过。泡利的国籍比较复杂，他生为奥地利人，因奥地利被德国吞并从而拥有过德国国籍，后曾归化过美国，最终拥有的是瑞士国籍。泡利是一个早慧的天才，他18岁中学毕业，两月后发表第一篇研究论文，主题是爱因斯坦的广义相对论；大学上的是慕尼黑大学，一入学，水平就够拿博士但必须按照规定在那里干坐（按索末菲的原话是"absitzen"）六个学期才能获得博士学位，所以泡利是21岁上完大三才博士毕业的，博士论文研究的是氢分子离子 H_2^+。在第三学期上，即1919年，其导师索末菲让泡利为德国《数学百科全书》撰写关于相对论的综述文章，泡利经一年后写成237页的长文，至今为经典范文。有文献说，泡利19岁时就掌握了他那个时代最前沿的数学与物理，对外尔关于规范场论雏形的工作和爱因斯坦的广义相对论都有深刻的见解。1919年5月10日，外尔写信给他表达了合作的意愿。那一年，外尔是名满天下的数学物理巨擘，而泡利是大二的学生。泡利后来于1945年获得诺贝尔物理学奖的工作，即所谓的泡利不相容原理，是他于1922年

161

在哥本哈根考虑反常塞曼效应得到的结果，1924年提出，1925年正式发表。所谓的不相容原理，用当时的大白话说就是一个量子态上只能有一个电子。可能仅从这句话来看显不出其深刻来。可是，请注意那时新量子力学还没出现，自旋自由度还未为人们所知，泡利的原理涉及电子的四量子数的量子态描述，也即涉及自旋这个新的量子数，为其1940年提出的自旋–统计定理（自旋为半整数的粒子遵循费米–狄拉克统计，自旋为整数的粒子遵循玻色–爱因斯坦统计）的前驱。泡利对物理学尚在迷雾中就有深刻洞见的能力，由此可见一斑。

泡利是一个有故事、有传说的理论物理学家。泡利有个性，因此对别人的物理研究会给出一针见血的批评。玻尔曾高度赞扬泡利的这一特点，说"随着逸事变成传说，他越来越变成理论物理学界的良心"。泡利对他人研究的挑剔赢得了尊重，也会引起恐慌。据说存在可怕的"泡利效应"：泡利一到哪个实验室去参观，那里的设备就不好使了。笔者倒是愿意相信这个所谓的效应的存在，就挑剔的眼光来看，很少有物理实验是基础牢靠的。泡利来参观，推托设备不好使了，倒是省了被他批评或者挖苦的尴尬。其实，批评或者挖苦说明泡利还看得上那个工作，对于某些研究，泡利的著名评价是"Das ist nicht nur nicht richtig, es ist nicht einmal falsch!（那不只是不对，甚至连错都算不上！）"这句话后来以not even wrong（连错都算不上）的形式流传于世。

看泡利的成果，总觉得是他轻松地得来的。中微子这种基本粒子的存在就是泡利提议的。在二十世纪初，人们研究原子核衰变时发现衰变而来的 α 射线和 γ 射线，其动能是关于某个确定值的很窄的分布，可是 β 射线（后来证实是电子）的动能却表现出很宽的范围，有一个明确的上限值。也就是说 β 射线的能量是连续分布的。此外，电子自旋是 $\frac{1}{2}$，

而原子核在 β 衰变前后总自旋未有改变，这也透着怪异。为此，玻尔建议，也许衰变过程中的守恒律只具有统计的意义，对于具体的单一衰变事件，可以表现出不守恒。1930年底，泡利研究了 β 衰变问题，在给迈特纳（Lise Meitner）等人的信中他提出了可能存在一种未观察到的中性的、自旋为 $\frac{1}{2}$ 的粒子，质量小于质子的1.0%。泡利给这个额外的粒子起了个名字"neutron"（中性的粒子，后来被用来表示质量和质子差不多的中子）。有了这个额外的粒子，就可以解释 β 衰变的连续谱和原子核自旋的不变化了，守恒律就还是严格的定律。1934年，费米将泡利的"neutron"改称为"neutrino"（意大利语"中性的小东西"，现译为"中微子"）。1956年中微子被探测到。据说泡利收到这个消息时正在散步，他在电报中回复到："期待之物必降临于知道如何等待之人。"

闪现智慧灵光，当然也让学物理的人有点儿头疼的概念是泡利矩阵。基于对塞曼效应（即原子光谱在磁场下会分裂出更多谱线）的研究，人们确信原子中的电子应该具有自旋自由度（可看作是一个额外角动量），也就是说它还拥有额外的磁矩，因此会受磁场的影响。这个自旋对应的角动量在磁场规定的方向上只有两个相反的分量。描述这个现象的矩阵可以是 $\begin{bmatrix} 1 & 0 \\ 0 & -1 \end{bmatrix}$。可是，角动量是有三个分量的，假设角动量的三个分量分别为 m_1, m_2, m_3，它们满足关系式

$$m_1 m_2 - m_2 m_1 = i\hbar m_3$$
$$m_2 m_3 - m_3 m_2 = i\hbar m_1$$
$$m_3 m_1 - m_1 m_3 = i\hbar m_2$$

泡利于1927年假设自旋角动量的三个分量 s_1, s_2, s_3 之间也满足同样的关系式。这样，如果把自旋角动量的三个分量写成 $s_i = \frac{\hbar}{2}\sigma_i$ 的形式的话，

163

图1 泡利在做讲座

如果取 $\sigma_1 = \begin{bmatrix} 0 & 1 \\ 1 & 0 \end{bmatrix}$，$\sigma_2 = \begin{bmatrix} 0 & -i \\ i & 0 \end{bmatrix}$ 和 $\sigma_3 = \begin{bmatrix} 1 & 0 \\ 0 & -1 \end{bmatrix}$，就能满足上面的关系式。这三个矩阵就是著名的泡利矩阵，它提供了描述电子自旋的工具。当然，它的神奇远不止这些。配上单位矩阵 $\sigma_0 = \begin{bmatrix} 1 & 0 \\ 0 & 1 \end{bmatrix}$，泡利矩阵提供了任意 2×2 复数矩阵的四个基。泡利矩阵在量子力学后来的发展中扮演重要的角色，它同旋量代数、SU(2)群的李代数以及四元数等都有关联。

泡利写过一个物理学教程系列，笔者读来确实感觉智商跟不上（我原来以为是基础跟不上）。不知道跟着泡利这样的天才上课（图1）该是怎样的感受？

参考文献

[1] Ch. P. Enz. No Time to Be Brief: A Scientific Biography of Wolfgang Pauli. Oxford University Press, 2002.

[2] Charles Enz, Karl von Meyenn (ed.). Wolfgang Pauli: Writings on Physics and Philosophy. Springer, 1994.

[3] Sin-itiro Tomonaga. The Story of Spin. The University of Chicago Press, 1997.

[4] Wolfgang Pauli. Zur Quantenmechanik des Magnetischen Elektrons. Z. Phys., 1927, 43: 601-623.

　　薛定谔（Erwin Schrödinger, 1887—1961），奥地利物理学家、量子力学奠基人之一。薛定谔不仅是个杰出的物理学家，而且还是个了不起的哲学家和文化学者，他的《生命是什么？》（*What Is Life?*）、《自然与希腊人及科学与人文》（*Nature and the Greeks and Science and Humanism*）等著作对物理学以外的其它领域也有深远的影响。

薛定谔——量子力学是本征值问题

　　量子力学是二十世纪物理学的两大支柱之一。如果论起对人类社会的影响，量子力学比另一支柱——相对论——要大得多。有了量子力学，我们理解了原子的光谱，它的影响之一是让我们能将整个可观测宇宙纳入我们的研究范围；我们理解了固体的导电性，它的影响之一是让我们有了半导体的概念，从而使得人类进入了信息时代。对于今天的物理系学生来说，掌握量子力学知识是起码的要求[*]。量子力学的基本方程是薛定谔方程，$i\hbar\frac{\partial\Psi}{\partial t} = H\Psi$。这个方程就是左边一项，右边一项，按照西方的表达，"外观上具有欺骗性的简单（deceitful simplicity）"，但它却是最重要的物理学方程之一。

　　薛定谔，奥地利维也纳人。他1906—1910年在维也纳大学学习，1914年通过授课资格考评[**]，1921年才在波兰一所大学获得教授职位，1921年转往苏黎世大学，1927年起接替柏林大学普朗克的位

---

[*] 中学生其实也能理解足够多的量子力学知识,如果有合适的《量子力学——少年版》的话。
[**]德语国家的一种学术制度。获得博士学位者可以申请做 Habilitation，独立开展一段时间的工作和教学，经考核通过后获得授课资格，可以聘为私俸讲师（Privatdozent）。此人此时可以把自己的头衔写为 Habil. Dr.，已有教授资格，只需要等待合适的教授空缺。

置。同那几位与他齐名的、同时代的德语国家物理教授相比，薛定谔可以说是大器晚成。他1925年底得到确立其地位的薛定谔方程时已是38岁。

1925年底，法国青年德布罗意（Louis de Broglie）的博士论文中提出了物质波的概念，传到了苏黎世联邦理工学院的德拜（Peter Debye）教授手里。德布罗意物质波的概念基于对当时物理学的综合：

1. 光的波动性是被确立的，但人们又不得不接受它具有粒子性的说法，爱因斯坦就是用光能量量子的概念解释了光电效应，其中的一个假设就是光的能量量子是一个一个地被吸收的；

2. 以前性质不太清楚的阴极射线被发现具有动量，可以被电磁场偏转，是一种带负电的粒子，如今被称为电子。

德布罗意作了一个大胆的假设：既然光分明是波那样的东西竟然还具有粒子性，那现在我们觉得是粒子的东西，比如电子，不会也表现出波动行为吧？这一观点就是所谓的物质的波粒二象性[*]。参照光的频率 v 和波长 λ 同光的能量量子之能量 E 和动量 p 之间的关系，德布罗意猜测若电子等粒子也是波的话，其频率和波长应该分别是

$$v = \frac{E}{h}; \quad \lambda = \frac{h}{p}$$

这里 h 是普朗克常数。德拜教授拿到这样的博士论文和如此简单的公式不知是什么表情，他说得出口的评论是如果认定电子等粒子是波的话，怎么着也该给凑个波动方程吧。那时候，机械波和电磁波的方程可已经是被人们研究透了的。德拜把论文交给了当时在苏黎世大学任教的薛定

---

[*] 波粒二象性并不像我们在中文语境中理解的那样具有戏剧性的对立。在对光和粒子的描述中，ray（射线）的概念都是重要的当事者，电子在被命名以前就是被称为阴极射线的，而光的射线被当作粒子流不妨碍牛顿谈论光的波长。

谬，希望他仔细看看，下次讨论会上能给大家讲讲。

但是，薛定谔当真了，他要给物质波找到一个波动方程。确切地说，是为电子找到一个波动的方程。

薛定谔那时38岁，同其他的科学巨擘相比，他已经很老而且毫无建树。那时在量子力学领域声名鹊起的海森堡是1901年出生的，而1928年给出电子的相对论量子力学方程的狄拉克是1902年出生的。就在1925年秋，薛定谔写下了一段感慨，多少能让我们看到他内心的焦躁："我，38岁，早过了伟大理论学家做出重大发现的年纪，占着爱因斯坦曾占过的教席，我是谁？我从哪里来？我要到哪里去？"落笔不久，他的辉煌时刻就来了。1925年圣诞来临前，薛定谔带着德拜的问题去了学校附近山中的疗养院，一周后他带着他的量子力学方程下山了。1926年，薛定谔分四部分发表了《量子化是本征值问题》一文，为量子力学奠定了基础，也奠立了他在物理学史上的地位。

薛定谔是如何得到他的量子力学方程的，从文献中的资料不易再现当初完整的过程。薛定谔一开始是从相对论出发的，毕竟那时关于电子的相对论理论是已经有了的，且电子的行为必定是相对论性的，但是这条路薛定谔没走通。他转而回到经典力学。他要的解的形式是知道的，波的表达形式在物理学家眼里就是函数 $\Psi(x, t) = \psi_0 e^{i(kx - \omega t)}$，或者干脆写成 $\Psi(x, t) = \psi_0 e^{2\pi i(x/\lambda - \nu t)}$。把德布罗意的关系代入波函数的表达式，波函数就变成了 $\Psi(x, t) = \psi_0 e^{i(px - Et)/\hbar}$（其中 $\hbar = \dfrac{h}{2\pi}$）的样子，代入一般的经典力学里弦的振动方程，经过一番改造，就得到了后来被称为"薛定谔方程"的 $i\hbar \dfrac{\partial \Psi}{\partial t} = H\Psi$，这里的 H 是哈密顿量，为系统的动能与势能之和。熟悉经典力学的薛定谔对哈密顿量 H 感觉可亲切了。至于这里的函数

图1　维也纳大学摆放的薛定谔的大理石胸像，上面刻有公式 $i\hbar\dot{\Psi} = H\Psi$

Ψ 在描述电子的行为时是什么东西，薛定谔不知道*。薛定谔把他这个方程应用于氢原子问题，他发现只要要求波函数 Ψ 是有界的，就能得到电子在氢原子中的能量是三个量子数 (n, ℓ, m) 的函数，$E_{n,\ell,m} = -\dfrac{E_0}{n^2}$。这个能量公式再现了玻尔原子模型给出的氢原子中电子的能量公式，能解释氢气的光谱。目光敏锐的读者已经注意到，公式 $E_{n,\ell,m} = -\dfrac{E_0}{n^2}$ 的右侧项没有出现 (ℓ, m)，考虑在电磁场中的情形它们就出现了——这意思是说薛定谔的方程有可能解释光谱的斯塔克现象（光谱线在电场下的分裂）和塞曼现象（光谱线在磁场下的分裂）。薛定谔方程太伟大了，它几乎就是量子力学的标志（图1），是少数几个值得刻到墓碑上的公式。当然了，它也是初学量子力学者遇到的第一头拦路虎。薛定谔有

---

* 这个函数 Ψ 被称为量子力学的波函数。它的意义到底是什么，很长时期都是一个争论的话题，现在还有人在争论。现在的标准解释是这个复函数的模平方代表粒子出现的几率密度。

理由为自己感到骄傲了。

　　然而薛定谔到底是怎样构造他的量子力学方程的？笔者从一些支离破碎的信息中拼凑的一个过程也许更合理一些，至少从科学思想演化的角度来说它是连贯的。薛定谔在从狭义相对论出发的初步尝试失败以后，转向了玻尔兹曼的熵公式 $S = k_B \log W$。作为维也纳人和维也纳大学的学生，他对这个公式太熟悉了。这个公式中的 W 在德语中是当作 "Wahrscheinlichkeit"（几率）的首字母来理解的[*]，但它也是 "Welle"（波）这个词的首字母。要得到波的方程，那就是要得到一个关于 W 的方程，这不现成的就是一个 W 的方程嘛。所以要把 $S = k_B \log W$ 写成 W 是主角的形式，$W = e^{S/k}$。不过这指数函数中的变量需要加上虚数因子 i 才能表示波动，记得欧拉公式 $e^{ix} = \cos x + i \sin x$ 吧，正弦函数和余弦函数是物理学家们表示波的不二法门[**]。此外，要描述量子力学，那得和量子力学有关系，那就把玻尔兹曼常数 k_B 换成普朗克常数 h 吧。于是，描述波 W 的函数就成了 $W = e^{iS/h}$ 的样子。作为优秀的物理学家，薛定谔当然明白在物理里用的函数中的变量必须是无量纲数，普朗克常数的量纲是作用量的量纲，则那个 S 的量纲也应该是作用量的量纲。S 原来是熵，现在在薛定谔的眼里是个量纲为作用量的一个量。薛定谔太熟悉经典力学了，他知道经典力学里作正则变换的时候引入过一个量纲为作用量的函数 S，而且还有 S 该满足的方程——Hamilton-Jacobi 方程，$\frac{\partial S}{\partial t} + H = 0$。把 $W = e^{iS/h}$ 代入 Hamilton-Jacobi 方程 $\frac{\partial S}{\partial t} + H = 0$，就得到了 $i\hbar \frac{\partial W}{\partial t} = HW$。当然啦，用 W 表示波似乎还有经

---

[*] 公式 $S = k_B \log W$ 中的 W 若作为经典几率理解，严格地应该写成 $S = -k_B \log W$。使用微观状态数的熵公式有时也写成 $S = k_B \log \Omega$ 的形式。
[**] 这难免不是限制物理学的一个因素。

典力学的土气，换个希腊字母 Ψ 表示量子力学的波吧（薛定谔写过一本叫《自然与希腊人及科学与人文》的书，而且会希腊语），这样就得到了量子力学的薛定谔方程 $i\hbar\frac{\partial \Psi}{\partial t} = H\Psi$。$H$的意义也改变了，在经典力学里它是一个量，在量子力学中它是算符（operator），因此薛定谔方程也可写成 $i\hbar\frac{\partial \Psi}{\partial t} = \hat{H}\Psi$ 的样子。理解薛定谔方程的产生过程需要跟得上思想的跳跃，别不习惯，物理学就是这么构造出来的。薛定谔方程应用的巨大成功使得人们不再去纠缠其构造是否合理。

薛定谔方程虽然是量子力学的基本方程，成千上万的人修习过量子力学，但是却鲜有人读懂了薛定谔1926年那篇奠基性论文的题目《量子化是本征值问题》。1987年，终于有一个人读懂了，那人把麦克斯韦方程组改造成了薛定谔方程那样的本征值问题，于是有了光子晶体的概念。

薛定谔不只是一个单纯的物理学家，他还是一个了不起的文化学者，对人与自然的关系有深刻的思考。1943年，薛定谔在都柏林的六个讲座集成了一本小册子——《生命是什么？》（图2）。薛定谔从物理的角度思考生命的本质，他认为生命区别于无生命的存在一定是其中存在着承载和表达信息的东西，而这个信息载体的结构一定是准周期的（aperiodic）——完全无序和晶体那般的有序都意味着承载信息能力的不足。后续的科学发展证明了薛定谔的思想之深刻，DNA螺旋结构的发现获得了1962年的诺贝尔生理学或医学奖，准周期结构的研究获得了2011年的诺贝尔化学奖。

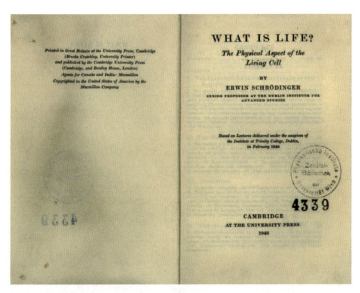

图2　薛定谔的塑造了生命科学的小册子——《生命是什么？》

参考文献

[1]　Walter Moore. Schrödinger: Life and Thought. Cambridge University Press, 1989.

[2]　Graham Farmelo. It Must Be Beautiful – Great Equations of Modern Science. Granta, 2003.

[3]　Erwin Schrödinger. What Is Life? Cambridge University Press, 1948.

　　狄拉克（Paul Adrien Maurice Dirac，1902—1984），英国物理学家、剑桥大学的卢卡斯教席教授。狄拉克寡言少语，被誉为是最奇怪的人。狄拉克是量子力学的创始人之一，为我们留下了狄拉克函数和狄拉克方程。狄拉克方程预言了反粒子的存在。

狄拉克——自出机杼的因式分解

1955年，东西方冷战正酣的时候，一位英国教授访问了莫斯科大学。按照莫斯科大学的传统，来访者被要求在黑板上写下一句铭言供保存。这位英国教授写下的是："A physical law must possess mathematical beauty.（物理定律必须具有数学美。）"如今，这句话已然成为理论物理之数学美原则。这位敢在冷战气氛下访问莫斯科的英国人就是量子力学的奠基人之一——狄拉克。

狄拉克，英国物理学家、剑桥大学的卢卡斯教席教授（牛顿曾执掌过的教席）。这是一个瑞士移民在英国的第一代后裔，严厉的父亲要求孩子在家里必须说正确的法语。因为担心说不好，小狄拉克干脆选择了尽可能地少说话，甚至有了自闭症的表现。沉默寡言后来成了狄拉克的标识，甚至有人因此引入了一个度量语速或者健谈度的单位"狄拉克"：一狄拉克等于每小时一个字。沉默寡言的狄拉克虽然语速缓慢，但是他的头脑中却风起云涌，那里发生的才是真正的头脑风暴。狄拉克独特的思维方式让后来人感到迷惑不解，就是同时代与他伯仲之间的人物也会对其人其事表示不易理解。甚至有人说，如果一个人没为狄拉克着迷过，那他算不上是学理论物理的。

狄拉克1921年从布里斯托大学电气工程专业毕业，接着在那里学了两年数学，1923年终于有钱可以支撑他在剑桥大学圣约翰学院的学习。在剑桥期间，狄拉克跟随福勒（Ralph Fowler）研究广义相对论以及那时才见发端的量子力学。到他1926年完成了量子力学方向的博士论文时，狄拉克已经奠定了他在物理学史上的地位。

1925年9月，福勒交给狄拉克一份海森堡关于辐射跃迁（就是原子如何发光的过程）的矩阵力学论文的复印件。这篇论文的核心发现是说一些物理量之间可能是不对易的。若把某些物理量理解成操作的话，则两个物理量的连续操作，若顺序不一样的话其结果可能是不同的——设想一下你早晨起来先穿袜子后穿鞋和先穿鞋后穿袜子的效果。具体地，玻恩帮助海森堡把谐振子问题里的位置和动量之间的对易关系表述成了

$$[x, p] = xp - px$$

且有

$$[x, p] = i\hbar$$

其中 $i = \sqrt{-1}$，$\hbar = \dfrac{h}{2\pi}$ 是约化普朗克常数。狄拉克和我们现在一样，面对这个公式觉得好不奇怪。几个星期后的某个星期天，狄拉克突然认识到这个括号形式的公式和经典力学里已有的一种括号——泊松括号——有相似的结构。狄拉克想到这一点的时候是晚上，据说他激动得一夜未睡，因为经由泊松括号或许可以把对易关系

$$[x, p] = xp - px$$

扩展到别的物理量上去。等剑桥大学图书馆早上一开门，他就冲进去找经典力学关于泊松括号的内容，急着检验他关于泊松括号的记忆是否正确。

经典力学里的泊松括号是这个样子的：

$$\{f, g\} = \frac{\partial f}{\partial x}\frac{\partial g}{\partial p} - \frac{\partial f}{\partial p}\frac{\partial g}{\partial x}$$

如果把微分运算 $\frac{\partial f}{\partial x}$ 换种表达方式写成 f_x，则

$$\{f, g\} = f_x g_p - f_p g_x$$

这和上面的海森堡对易关系

$$[x, p] = xp - px$$

就更像了，就是求两个量（或者操作）不同顺序乘积之间的差。可是，这种形式上的相像有什么意思呢？能否在这两者之间建立起某种联系呢？狄拉克那天晚上肯定这样想过。

接下来我们就能领略狄拉克的天分了。他去计算两对函数，比如 $u_1 u_2$ 和 $v_1 v_2$，而不是两个函数的泊松括号。因为泊松括号在经典力学里是完好定义的、意义明确的，计算当然是有道理的。逐步计算 $\{u_1 u_2, v_1 v_2\}$ 会得出这样的结果，

$$\frac{u_1 v_1 - v_1 u_1}{\{u_1, v_1\}} = \frac{u_2 v_2 - v_2 u_2}{\{u_2, v_2\}}$$

可是这意味着 $\frac{u_1 v_1 - v_1 u_1}{\{u_1, v_1\}}$ 是个常数，或者说对任意的函数 f, g，有 $\frac{fg - gf}{\{f, g\}}$ 为常数。注意，这个式子的分子就是海森堡对易关系呀！考虑到泊松括号下 $\{x, p\} = 1$，而量子力学的对易式 $[x, p] = i\hbar$，狄拉克于是推论说，任何两个函数的量子力学对易关系

$$[f, g] = fg - fg$$

等于相应的泊松括号

$$\{f, g\} = f_x g_p - f_p g_x$$

177

乘以常数 $i\hbar$。这样，狄拉克就建立了量子力学中力学量的一般对易关系：两个量子力学里的力学量之间的对易关系，即海森堡括号决定的关系，等于相应的经典力学量的泊松括号乘以常数 $i\hbar$。由此，量子力学里的力学量有了可通过泊松括号建立的对易关系，量子力学的构造得以蓬勃开展起来。

狄拉克是怎么想到要计算两对函数的泊松括号的？科学史没有相关材料，我们无从得知。可是，笔者再次强调，这个看似随意挥洒的一笔却是量子力学构造的关键一步。可惜的是，一般的量子力学和量子力学历史教程，对这件事连提都不提。

狄拉克最伟大的成就是给出了相对论量子力学方程，即狄拉克方程。狄拉克方程的形式以及后来对它的诠释，都是一些很艰深的内容。然而，笔者以为，**导致狄拉克方程建立的关键一步也许不过就是初中数学里的因式分解而已**，当然我们不如狄拉克学得那么深入。笔者所学的中文数学教科书，从来没告诉过读者这些数学是可以发展的，而且就是读者本人可以试着发展的。没有冲动，没有尝试，哪里会有成就呢？

在狭义相对论中，空间 x 和时间 t 的变换，所谓的洛伦兹变换，是线性形式的，也即是一元齐次方程的形式：

$$x' = a_{11}x + a_{12}t$$
$$t' = a_{21}x + a_{22}t$$

可是，如果从能量关系出发去构造量子力学方程的话，却发现相对论能量关系是二次型形式的 $E^2 = (pc)^2 + (mc^2)^2$。为了让能量关系与相对论的时空变换自洽，就要求能量-动量关系也是线性的，那就得对能量关系进行因式分解。怎么分解呢？上初中的时候我们学过

$$x^2 - y^2 = (x - y)(x + y)$$

可是老师说 $x^2 + y^2$ 就无法因式分解。等到学了复数，$x^2 + y^2$ 也能分解了

$$x^2 + y^2 = (x - iy)(x + iy)$$

注意，这里可不仅仅是引入了一个 $i = \sqrt{-1}$ 那么简单，而是我们有了崭新的数系二元数，即这个数总有两个部分，可以写成 $x + iy$ 或者 (x, y) 的形式，它们和3.14, −2.1这样的一元数不是一类的。狄拉克想要的因式分解是这样的：

$$x^2 + y^2 = (\alpha x + \beta y)^2$$

有这样的因式分解吗？

狄拉克发现，只要要求 $\alpha^2 = 1$，$\beta^2 = 1$，$\alpha\beta = -\beta\alpha$ 就行。没有这样的实数，也没有这样的复数，可是有这样的数的矩阵呀！构造了合适的矩阵，$x^2 + y^2 = (\alpha x + \beta y)^2$ 这样的因式分解就是可行的，当然了，此时 x, y 也应该变成和 α, β 相匹配的量。狄拉克引入了 4×4 的矩阵把

$$E^2 = (pc)^2 + (mc^2)^2$$

作了因式分解，由此构造出了相对论性的量子力学方程（图1）

$$(i\gamma \cdot \partial - m)\psi = 0$$

这个相对论量子力学的方程看似简单得可怕，应了"美的应该是简单的"道理。不过，所谓的简单，却是极具欺骗性的：你懂得越多，它就

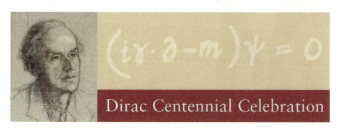

图1　狄拉克和狄拉克方程

179

越复杂。基于这个方程，人们解释了自旋是相对论性粒子的内禀性质，提出了反粒子的概念（电子有带正电荷的反粒子，即正电子）等等。最重要的，它可能还有尚未挖掘出来的内容。

狄拉克即使在顶尖物理学家中也属另类。他思维敏捷、成就斐然，但又总是很谦虚。是他写出了非相对论量子力学中算符随时间演化的方程，但他却总称之为"运动的海森堡方程"。关于自旋半整数粒子应遵循的费米-狄拉克统计，到他嘴里就变成了费米统计。笔者曾在一篇文章中写道："文化的最后成果，是人格。物理学与人的交互作用会导致对物理学家人格的塑造。那些真正投入到物理世界中去的真正的物理学家们，因为有信仰有追求，因为领略了一些自然的伟大与神奇，所以他们的外部动作和内心世界都能显示出一份从容、深邃、祥和。不是他们刻意追求深邃，而是物理学让浅薄于他们已经成为不可能。"看看图2中的狄拉

图2　狄拉克（左）与费曼

克和另一位天才物理学家费曼交谈的情景，你不觉得他们已经到了宠辱不惊的境界了吗？

参考文献

[1] Graham Farmelo. The Strangest Man: The Hidden Life of Paul Dirac, Mystic of the Atom. Basic Books, 2011.

[2] Helge Kragh. Dirac: A Scientific Biography. Cambridge University Press, 2005.

　　杨（Thomas Young，1773—1829），英国人，医生、生理学家、物理学家，更是了不起的语言学家。杨是典型的博学通识之人，他不仅给出了光双缝干涉的解释，还破译了埃及罗塞塔石碑上的文字。《大英百科全书》的语言词条就曾是杨撰写的。

杨——你要识字

　　一个科学大师要不断地吸取前人和同时代其他人的知识，这就要求他是一个认得几个字的人，能阅读很多不同文字的文献才好。这也就难怪我们熟知的科学大师常常能通晓几种语言。爱因斯坦就曾这般赞扬牛顿："他是实验家、理论家和技工，同样也是毫不逊色的语言艺术家。"而法国作家勒庞在谈到庞加莱时则说："数学家、哲学家、诗人、艺术家的庞加莱也是一位作家。他以锐利的笔锋写作，他的见解是这样的独特，他的思维是如此活跃，他几乎总能找到它们的完美表达。"完成热力学公理化的希腊裔科学家卡拉泰奥多里（Carathéodory）也非常有语言天分。希腊语和法语是卡拉泰奥多里在家庭里使用的第一语言；他会德语，其德语作品可称完美典范；此外他还可以轻松地说英语、意大利语、土耳其语以及一些古老的语言。可与卡拉泰奥多里比肩的是哈密顿。据说哈密顿少年时期就掌握了欧洲的各种古代和当代语言，并会希伯来语、阿拉伯语、波斯语和梵语，以至于他的父亲要托人找有没有中文的书。在数学家中，据说波利亚能够用匈牙利语、法语、德语、意大利语、英语和丹麦语等几种文字写作，他当然也会一些拉丁语和希腊语。

但是就语言能力来说，有一位科学达人要强过上述所有人，甚至远超过那些专业的语言学家。这个人就是托马斯·杨。

杨，英国人，典型的博学通识之人，被誉为"最后一个无所不知的人"（the last man who knew everything）。杨是职业医生、生理学家，但他1796年获得的是物理学博士，1801年获得的教职是自然哲学教席。杨是第一个定义现代意义上的能量的人，他研究物体的弹性性质，提出了杨氏模量的概念；研究液滴在固体表面上的形状问题，后来经由高斯总结得出了描述液滴接触角与界面能关系的杨-拉普拉斯方程。杨还研究视觉和光学，他在光学领域最大的成就是建立起光的波动理论。他用水箱实验演示了水波的干涉，用双缝干涉实验演示了光波的干涉（图1）。双缝干涉可以用经典波动理论，或者说就是使用三角函数，加以解释。在屏幕上任何一点的光的强度由来自两个狭缝之波前的叠加所确定，两

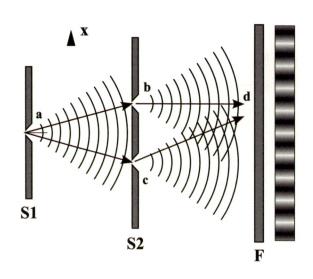

图1 双缝干涉实验的经典波动图像

184

列波前的传播路程之差每改变一个波长 λ 的大小，就对应屏幕上一个周期的明暗变化。因此，近似地，相邻两明（暗）条纹之间的距离为

$$\Delta y = \lambda \frac{x}{d}$$

其中 d 为狭缝间距，x 为屏幕到狭缝之间的距离，$x \gg d$。把上述公式改写为

$$\lambda = d\frac{\Delta y}{x}$$

由此人类把长度测量的实践从宏观尺度拓展到了微观世界。双缝干涉是学物理的人自高中时期就熟悉的内容，但是如果认为双缝干涉真如上述诠释的那么简单就太过天真了。实际上，双缝干涉是非常困扰物理学家的一个实验，问题在于我们对光的本质依然不甚了了。

杨的过人语言天赋体现在对语言学的研究上。1813年，是他率先引入了"印欧语言"的概念，指出了欧洲语言的历史演化渊源。杨还是最早试图破解古埃及象形文字的人之一。1814年，杨破解了罗塞塔石碑上的古埃及通俗文字（图2）。更令人击节赞叹的是，《大英百科全书》的语言词条是由杨撰写的。杨在该词条中比较了约400种语言的语法和词汇。

语言能力的一个标志是将文字同概念匹配起来。人类的触角伸得越远，语言就会越复杂、越丰富。因此，越深刻的研究，对研究者的语言能力就有越高的要求。学者宜先识字，我们的先辈早就认识到了这一点。明代缪希雍明确指出："凡为医师，当先读书；凡欲读书，当先识字。字者，文之始也。不识字义，宁解文理？"可惜，语言的重要性在我国没得到足够的重视。当今我国中学、大学阶段的中文与英文教育基本上是以令人窒息的方式进行的。原因也许出在我们还没有把语言当成

图2　古埃及的罗塞塔石碑，1799年被发现，据信刻于公元前196年

一门科学的传统吧。考察一下所谓民国期间语言大师的传说，也多属捕风捉影。他们的语言成就极少有涉及研究层面的内容，就是他们精通某门语言的说法，也大多是眼皮子太浅之论。

但愿托马斯·杨的故事能为我们带来一点儿启示，让我们在觉得自己是知识分子之前多认点儿字。

补缀：hieroglyph被随意地汉译成"象形文字"，有失严谨。hieros，来自希腊语sacred（神圣的）一词，glyphein来自希腊语动词to carve（刻划）。hieroglyph，类似我国的摩崖石刻，是那种事涉神圣、庄严内容的刻划作品。hieroglyph之译成"象形文字"，只见文字，不论作品之整体性质，殊为憾事。与hieroglyphic相关，还有demotic（通俗的）、hieratic（僧侣的）古埃及文字的说法，是对教士使用的流畅的、草体的（cursive）象形文字（文本）的缩略或者简化。罗塞塔石碑上的文字就是demotic writings（简体）。

仰望苍穹的第谷（Tycho Brahe，1546—1601）

高傲的孤独

　　1576—1597年间，丹麦的汶岛上的居民见证了一个特立独行的人——第谷。这位贵族青年在岛上建立了一个天文台，在晴朗的夜晚总是将目光投向遥远的天幕。第谷是最后一个仅凭裸眼观测天象的人。第谷曾观测到了1572年的超新星爆发，他在汶岛天文台观测到的大量数据后来在德国青年开普勒的手里泄露了天体运行的秘密。第谷在那些年里的标准姿势——仰望苍穹，成了探索自然奥秘的科学家们的精神象征。一个真正的科学家，怀着造福人类的理想去究问自然的奥秘，其内心采用仰望苍穹的姿态恐怕是一种必然。

　　探索者的生活是枯燥的，探索者的内心是孤独的。西方社会诞生了许多伟大的物理学家，很大程度上是因为在西方，成为孤独学者的理想由来有之。知识精英们始终保持着具有严重宗教思想特征的孤独传统，他们在孤独中能够找到愉悦的精神体验。他们不想沉溺于尘世的喧嚣，因为那样会妨碍他们的纯净思维。孤独可以让思维之眼在黑暗中看到最微弱的灵感之光，只有孤独者才能理解隐藏的本质。牛顿的一生都像隐士一样地生活，康德的生活就是对隐士形象的诠释（图1）。在他们身

图1 康德（Immanuel Kant，1724—1804），德国哲学家，代表作为《纯粹理性批判》《实用理性批判》《判断力批判》

上，所谓的灵光一现都来自长时间的冥思苦想。康德每天过着钟表一样精准的生活，除了下午的散步就是窝在家里思考。没有长时间的远离尘嚣，如何会有深邃的思考，如何能达到对庸俗智慧的超越，哪里还会有三大批判这样的哲学大山的面世？叔本华说：不庸俗，就孤独。

据说康德是个健谈的人，但他主动选择了与世隔绝。他的本能告诉他，命运织造人生的线头是如此的单薄与脆弱，要想纺出一定的长度就必然要求长时间的专心致志，不要被打扰。米开朗基罗独自一人完成了西斯廷教堂顶部的壁画《创世记》，四年多的时间里，差不多都是他一个人独自待在脚手架上。怀尔斯（Andrew Whiles）为了证明费马大定理在自家阁楼上面壁七年，而爱因斯坦为了将相对论推广到适用于引力的情形也是苦苦思索了八年。看到伟大目标的灵魂会真诚地主动拥抱孤独。

科学是造福整个人类的事业，

但却是少数几个耐得住寂寞的高傲心灵的事业。"大抵学问是荒村野老屋中，二三素心人商量培养之事"（钱钟书语）。能在闹市中静下心来，才是做学问的境界。科学首先是高贵精神的产物。黑格尔云："运伟大之思者，必行伟大之迷途。"在置身迷途、四顾茫然的岁月里，只有耐得住寂寞的心灵才有足够的力量支撑着思考者继续前行。一个思想的先行者，在他的时代里若想找个灵犀相通的、可相互砥砺的对话者也殊为不易。也许是因为性格，也许是因为地理环境的塑造，可我宁愿相信如下的情形是类似康德那样理性的选择：传统英国绅士型的科学巨人卡文迪许和狄拉克，都因过度沉默寡言而闻名。

孤傲常常是庸人们攻击伟大灵魂的着力点，但庸人们的不解不会给伟大的灵魂带去多少困扰。但是，伟大灵魂的孤傲几乎必然伴随着痛苦，那是盗火者的宿命。在1900—1905年之间的某个时期，备感抑郁的玻尔兹曼竟然写了一首谐谑诗《天堂里的贝多芬》，苦难是这首诗的主题。在诗中，玻尔兹曼叙说他的备受苦痛的灵魂终于脱离了躯体升入了天堂。在天堂，他听到了天使们欢快的歌唱。天使们告诉玻尔兹曼，这些都是他的老乡贝多芬谱的曲——贝多芬在天堂里那是"奉旨谱曲"（图2）。贝多芬让玻尔兹曼评论一下他的新曲，玻尔兹曼坦言在贝多芬的这些新作中没找到其尘世作品里的那种美。那么，是什么剥夺了贝多芬作品中的创造性火花（creative spark）呢？是痛苦的缺失。天堂里的贝多芬没了痛苦，他的灵感也消失了。玻尔兹曼在诗中感叹，原来天堂里的灵魂最怀念的竟然是尘世里的苦痛——那是创造者灵感的源泉。玻尔兹曼的《天堂里的贝多芬》是他辞世前内心深处的写照。不被同时代的人理解，为自己的原子论奋力辩护但内心又为原子论的基础担心，这一切都让他备感压抑并更愿意远离这个陌生的、满怀敌意的世界。玻尔兹曼这个痛苦的灵魂给人类带来的是最了不起的文明成就：统计物

图2　玻尔兹曼和他的德意志老乡贝多芬

理——热力学与力学之间的桥梁。

与玻尔兹曼相仿，爱因斯坦也是一个痛苦的灵魂。不幸的婚姻、两个孩子的悲剧、所处时代的反动狂热与所在民族的极端思潮，无疑地是促成爱因斯坦之"孤独的流亡者"形象的因素。爱因斯坦似乎跟自己都不易相处（"I even cannot get along with myself."），所以他要逃离，从远处、从外部审视自我和其所处的这个世界。这无疑地让他对相对论和对量子力学都持批判的态度，而这冷静的、苛刻的批判才恰恰是为相对论和量子力学这样的理论奠立基础时最正确的姿态。

学者的孤独不是被动的避世，而是主动地摒弃喧嚣。选择孤独沉寂是为了积聚力量，此即所谓"非澹泊无以明志，非宁静无以致远"（诸葛亮《诫子书》）。就像花骨朵，耐得住寂寞才等得来绚丽绽放，孤独地在沉默中努力是必需的修行。康德在其《纯粹理性批判》于1781年面世前经历了整整11年的沉寂，这个乡下教授想必是因为对自己有充分的信心才能从容应对来自柏林的讥讽。"大贤本孤立，有时起经纶"（王昌龄《上同州使君伯诗》），仰望星空的人不只是要耐得住冷清，更高的境界是心中不存孤独。科学巨擘们在窥破了自然的奥秘刹那间也许会备感孤独，但那是"在揭示出大自然所具有的美与庄严的一部分之前的短暂孤独"（费曼语）。而那些经由他们展现在我们所有人面前的自然之美与庄严，是对创造者孤傲品格的最高奖赏。

　　巴尔末（Johann Jakob Balmer，1825—1898），瑞士数学家、物理学家。巴尔末最先给出了氢在可见光范围四条谱线波长的公式表达，此乃量子力学得以发轫的几个基础之一。

巴尔末老师的公式

　　瑞士与法国、德国边界有个人口很少超过20万的小镇巴塞尔，是个在科学意义上非常著名的地方。那里有瑞士最古老的大学（建于1460年），在那里出生和工作过的杰出人物不计其数，包括大名鼎鼎的贝努里家族和史上最伟大、最多产的数学家欧拉。不过，我们这里要说的是一个中学老师，他把玩一组四个数据得到的公式是量子力学得以发轫的基础事件之一。

　　巴尔末1825年出生于巴塞尔，1849年在巴塞尔大学获得数学博士学位，也算是个早慧之人。巴尔末一生都是在巴塞尔度过的，他一直在一所女校里教书，间或也到巴塞尔大学上课。巴尔末老师研究数学，但是到了60岁也没有什么值得称道的成就，看来他这一生大概会碌碌无为了。可是就在1885年巴尔末老师60岁时，他在盯着一组四个数字足够长时间后，得到了一个可以给出这四个数字的公式，这个公式让巴尔末老师的名字深深地刻在了物理学史的记功碑上。

　　天上的太阳慷慨地把光线撒到大地上，燃烧着的物体也会发光，到1885年，科学家关于谱线的研究已经获得了一些非常深刻的认识。比如，人们注意到碱金属的谱线很有规则，某几条谱线从分布上看明显属于一组（看似趋于一个极限值）。那时，关于谱线的波长也有了精确的测量数值，氢在可见光范围的四条明亮谱线的波长分别为6562.10（红色）、4860.74（水绿色）、4340.10（蓝色）和4101.20（紫色），单位为10^{-8}cm（图1）。巴尔末老师发现这四个数是3645.6的$\frac{9}{5}$，$\frac{4}{3}$，$\frac{25}{21}$和$\frac{9}{8}$倍（这是个趋于1的数列）。那这四个分数$\frac{9}{5}$，$\frac{4}{3}$，$\frac{25}{21}$和$\frac{9}{8}$有什么奇特的地方吗？有！它们分别是$\frac{3^2}{3^2-2^2}$，$\frac{4^2}{4^2-2^2}$，$\frac{5^2}{5^2-2^2}$和$\frac{6^2}{6^2-2^2}$*，或者说是一般表达式

$$\frac{m^2}{m^2-2^2}$$

的 $m = 3, 4, 5, 6$ 的四种情形。也就是说，如果这四条谱线真的来自一个线系或曰家族，描述它们之间关系的公式就在这儿。那么，$m = 7$ 呢？可以算出它对应的波长约是3969.6，而在这个地方竟然确实有氢的一根谱线，只是这是一条弱的紫色谱线（或者紫外线），不易看清而已。巴尔末老师的公式，隐隐地让人们觉得还有大用。

后来，里德堡（Johannes Rydberg）参照巴尔末老师的公式，给出了

图1　氢原子在可见光范围的谱线

---

* 巴尔末能看到这一点，笔者猜测同他把玩自然数的平方有关。伽利略也是熟知自然数平方才得出了落体公式的。伟大的思想从来不是无源之水。

谱线波长的倒数（现在被称为波数）的一般表达式

$$\frac{1}{\lambda} = R_\text{H} \left(\frac{1}{n^2} - \frac{1}{m^2} \right)$$

其中 R_H 是里德堡常数，n 和 m ($> n$) 都是常数。巴尔末老师的公式只是里德堡公式的 $n = 2$ 的特例。

　　人们从里德堡公式能看出什么呢？这个公式最具内涵的地方，或者说是通向自然奥秘的地方，**是它是两项之差**。设想你从一个台阶往下跳到另一个台阶，你的落差就是台阶的高度差，你若是摔到台阶上，估计你的尖叫声的频率会正比于这个落差。1911—1913年间，一个丹麦人玻尔把原子的发光过程理解为电子自一个能量台阶到另一个能量台阶的跳跃（我们的中文物理学故意将之翻译成文绉绉的"跃迁"）引起的，台阶之间的能量差就是光谱线对应的能量。如果这个解释成立的话，那就要求电子有稳定的能量台阶（这一点好办，我们可以简单地假设它必须这样就行*），且稳定的能量台阶对应的能量应该包含一个正比于整数平方倒数的项。如何做到这后一点呢？在1913年，人们能求助的就是经典力学了。经典力学里有遵循平方反比律的引力，有牛顿力学已经成功解决的太阳系轨道问题**。可以将氢原子这个电子–质子的体系类比于行星–太阳的体系，行星–太阳体系的经典力学问题是清楚的，体系的能量（以及能量如何决定行星的轨道）、角动量是有公式表达的。如果要将这样的体系的能量限制为正比于整数平方的一些孤立的值，能通过什么限制条件实现呢？除了角动量，还能有什么选择呢？于是，玻尔假设电

---

* 不必疑惑，物理学有时就是这么干的。
**水星除外。

子稳定能量台阶对应之轨道的角动量是普朗克常数（真巧，普朗克常数的量纲就是角动量的量纲）的整数倍，即

$$\oint p \, \mathrm{d}x = nh$$

此即为所谓的玻尔量子化条件，玻尔惊奇地发现得到的轨道能量竟然正比于 $\frac{1}{n^2}$。也就是说，只要假设轨道的角动量服从玻尔的量子化条件，那么所得到的轨道能量的表达式就能给出氢原子光谱线（对应的能量，或者波长，或者波数，或者频率）。提醒各位读者，玻尔这里用到的 n 其实是薛定谔那里的 ℓ。

等到1926年薛定谔方程出来了以后，玻尔关于氢原子的行星–太阳模型就显得太简单了些，但是玻尔引入的静态轨道和跃迁的概念却在量子力学中保留了下来，实际上，跃迁是量子力学的关键性基础概念之一。薛定谔的波动力学揭示了氢原子中电子轨道（能量）的更多秘密；海森堡的矩阵力学尝试去理解谱线的强度，发现谱线强度取决于跃迁过程涉及的两个轨道的某些性质。1926年，关于光的研究也取得更多进展，有了有别于此前的"光的能量量子"的光子概念。从此，量子力学的发展一发不可收，伴随而来的谱学技术和群论的发展更在人们的意料之外。

巴尔末这位中学老师对量子力学建立的贡献，鲜有文献给出中肯的评价。其实，就算是量子力学文献中总要提及的普朗克，对其贡献的评价也未能说到点儿上。物理学是一条思想的河流。欣赏这条闪光的智慧河流，除了敬畏心，还要在知道更多细节的基础上慢慢品味。

参考文献

[1] S. Sternberg. Group Theory and Physics. Cambridge University Press, 1994: Appendix F.

　　夫琅合费（Joseph von Fraunhofer，1787—1826），德国玻璃制造专家。他用棱镜观察到了太阳光谱中存在大量的暗线，别人对这些暗线的解释导致了原子、分子光谱的理论以及量子力学。夫琅合费的研究生涯是应用研究的典范。夫琅合费学会是德国的应用研究协会，现有六十余家研究所。

夫琅合费——光带之上的暗线

　　据说是1665年的某一天，伟大的牛顿把一块玻璃棱镜*——那个年代这可是稀罕物——对准了从窗帘的一个破洞中穿过的一束阳光。阳光经过棱镜的折射后，在对面墙上和地上留下了七彩的光带（图1）。牛顿此后进行了多年的光学研究，解释了彩虹的发生机理，引入了光的波长（尽管是基于光的颗粒说）的概念，1704年出版了著名的《光学》一书。阳光可以分解成红橙黄绿蓝靛紫七色光带的说法，从此深入人心。一百余年后，一个叫夫琅合费的德国年轻人发现，那个七彩光带里其实还隐藏着关于自然的重大秘密。

　　夫琅合费，德国玻璃制造专家、光学家，1824年获得贵族封号。夫琅合费11岁就成了孤儿，很早就靠在一家玻璃制造厂当学徒谋生。1801年厂房倒塌，领导救援的巴伐利亚选帝侯注意到了这个聪明的小学徒，他送给了这个小学徒一些书籍，并叮嘱工厂老板给小学徒留点儿学习的时间。1806年，夫琅合费被送入一家致力于玻璃制造的机构去工作，到1814年他

---

* 玻璃是天然产物，但是无色的玻璃是人工制作的。

图1 一束来自太阳的白光经过玻璃棱镜
后，被折射成了七彩的光带。顺着波长
减小的方向，可见光的颜色大体可分为
红橙黄绿蓝靛紫七色

图2 夫琅合费在演示光谱仪

成为这家机构的合伙人的时候，因为他所掌握的精密光学设备制造技术，
巴伐利亚成为了光学工业的中心。

　　1814年，凭借着他自己掌握的玻璃制造和玻璃抛光独门工艺，夫琅
合费制作了光谱仪——一个可旋转的、用于分光的大玻璃棱镜和一架放
大镜（图2）。在实验过程中夫琅合费发现，炉膛里的火光始终在固定的
位置上出现明亮的黄色谱线。今天我们知道这是由钠原子发射的双黄线
（波长分别为589.0纳米和589.6纳米）引起的。进一步地，夫琅合费想
知道太阳光谱里是否也有这样明亮的黄线，可是结果却出乎意料：在弥
散的红橙黄绿蓝靛紫宽带上布满了暗线，宽窄不同，稠密程度不同（图
3）。这些暗线是哪来的，意味着什么，夫琅合费不知道。但是，他做了
一件了不起的事：他把在光谱带上能见到的574条暗线的位置仔细地标定
了下来。当然了，由于有了更精密的谱仪，我们今天知道太阳光谱上的
暗线是数百万条。1859年，德国科学家基尔霍夫和本生（Robert Wilhelm
Eberhard Bunsen）把这些暗线解释为原子（还有分子）对太阳光谱的特

征吸收造成的。夫琅合费还发现天狼星和别的一等星之光谱与太阳光谱有很大的不同。

夫琅合费的成就对近代科学的影响是不可估量的。吸收光谱是由于原子、分子的特征吸收造成的，因此可以当作原子、分子的指纹，用于物质的成分分析。当然了，发射光谱更可以用来做物质的成分分析（图4）。星星的发射光谱不同，可能就意味着其物质构成上的区别。光谱学如今是物理、化学、材料学、天文学诸领域中首屈一指的分析方法。

因为在工作中吸入了过多重金属蒸气的原因，夫琅合费在39岁时辞世，过早地结束了他富有创造力的生命，但他留下的科学研究方法，以及以他名字命名的夫琅合费学会，还将继续深刻地影响我们的科学。

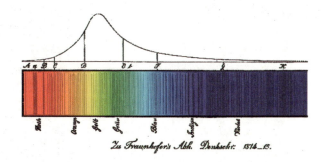

图3　夫琅合费所获得的太阳光谱线示意图

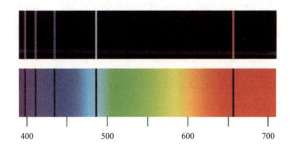

图4　氢原子的发射光谱（上）和吸收光谱（下）

本特利（Wilson Alwyn Bentley，1865—1931），美国农民、摄影家，第一个给雪花拍照的人。本特利开启了显微摄影术和雪花微结构研究。

本特利——给雪花照张相

我们的家园——地球——是这个宇宙中最特殊的星球，我倾向于相信它是唯一的。地球的一个特殊的地方是地表附近有水，且在自然条件下可以表现出水的气、液、固三相。气相的水，水蒸气，是无色的，但是如果密度够大也会被看见。雾和美丽的云彩可以看成是水的气-液混合相。固相的水，更是形态各异，包括冰（ice）*、霜（frost，rime）、雪（snow）、冰雹（hail）、软雹（graupel）**、雨夹雪（sleet）等等。雪片的大小在毫米量级，肉眼也能分辨出其星状结构，故有"雪花"的说法。纷纷扬扬的雪花，引起过多少人的遐思。

本特利1865年出生于美国佛蒙特州杰里科小镇，那里是著名的雪带，年降雪量高达300 cm。本特利在农场里长大，从小就为蝴蝶、树叶、蛛网和雨滴着迷。15岁时，本特利收到了来自妈妈的生日礼物——一个小显微镜，这个本属平常的家庭温馨之举却成就了科学史上的一桩

---

* 目前已确定16种不同晶体结构的冰。
**软雹下落过程中同上升的水蒸气之间的摩擦会造成带电，据信这是云彩带电的机制。具体细节尚不清楚。

图1　本特利获得的雪花照片

图2　风雪中忙碌的本特利

大事。本特利喜欢摄影，而家乡每每出现的漫天大雪激发了他强烈的好奇心。不知何时，他有了一个热切的愿望，要给雪花照张相。1885年，19岁的本特利将显微镜加装到照相机上，于1月15日拍摄到了第一张雪花照片（图1）。本特利拍摄雪花照片的意义之一是开启了显微摄影技术。显微摄影技术发展到今天已经达到了分辨原子像的本领，极大地促进了现代科学与技术的发展。就研究自然的必要性而言，实在的观察手段和抽象的思维能力是同样重要的。

成功获得了第一张雪花照片让本特利对为雪花照相更加着迷。人们经常看到本特利站在风雪中，用羽毛或者绒布去接飘落的雪花，小心翼翼地把样品放到也是放在室外的照相机显微镜头下（图2）。本特利共获得过5000多幅雪花照片，在此过程中本特利完善了雪花摄影技术。本特利拍摄雪花照片的意义之二是激发了人们研究雪花的兴趣。本特利从他的摄影

图3　本特利约于1902年获得的一组雪花照片

作品中注意到，虽然雪花大体上都是六角的（用科学的语言说，是具有 D_6 对称性），可是他却没拍到过两张一样的（图3）——"Every single snowflake is unique."*他1931年出版的《雪晶》（*Snow Crystals*）一书展现了2500余幅带有花边设计的雪花照片，其中总是六角对称却又风姿各异的雪花照片着实让人们为之着迷。本特利写道："在显微镜下，我发现雪花美得惊人，如果这种美丽无法看到，不能与人分享，就太可惜了。每片晶体都是一件杰出的设计作品，而且没有一片是重复的。一旦雪花融化，这个设计也就永远消失了。"

---

* "每一片雪花都是不同"的说法未必能让所有人信服，毕竟被拍摄的雪花数量很有限，且"不同"的定义也是模糊的。但是，雪花在保持六角对称的前提下能表现出已知的那么多种不同形态，这已经够不可思议的了。

雪花的六角结构人们凭肉眼也能观察到，因此古人对此早就知道。中国汉代就有"雪花六出"的说法。在西方，开普勒干脆在1611年前后写下了《六角雪花》一书，阐述了关于雪花六角是因为其中的球形原子密堆积的猜测，从而有了关于密堆积的开普勒猜想。

雪花的形成过程和雪花形貌今天依然是困扰科学家的前沿课题。利用现代摄影技术，人们可以获得更加清晰、漂亮的雪花照片（图4），更加深入地理解雪花的形成过程，但结果却是对雪花生长的原子过程和热力学愈加感到迷惑不解。如今人们已经确定，在温度和水蒸气过饱和

图4　利用现代数码技术拍摄的雪花照片

度这两个变量所构成的平面上的不同区域内，雪花具有大体上一致的独特形状。但是，为什么一片具体的雪花能保持整体上的六角形状却又拥有不一样的形貌，实在不容易理解。造成这种困难的一个原因是雪花形成过程中还伴随有空气中颗粒物的影响。在人们的印象中，水在0℃以下就会结冰。其实，水要结冰，首先要由一些水分子先形成一些纳米大小的冰核，即要求有个预先形核的过程。如果是纯水的话，所谓的同质形核要在-42℃以下才会发生。不过，如果水蒸气中含有固体微颗粒的话，水分子会凝结到颗粒上成核，这种异质形核不会要求那么低的温度。若冰核的尺寸达到10微米左右，就能继续生长成雪花了。这就是为什么在比0℃略低的天气就能看到飘雪的原因。雪花的形状与过冷水的异质形核过程和后续生长过程中水分子的附着都有关，由于这些过程都不好跟踪（水对现代分析技术来说是个很麻烦的对象），这其中的微观过程就一直未能确立。注意，对处于一定温度下的、具有一定过饱和度的水蒸气，人们可以通过播散碘化银等物质的颗粒让水蒸气形核长成雨滴，也即我们掌握了人工增雨的技术，可是我们却不知道如何实现人工增雪。冬天的冻雨对于植物来说是灾难性的，如果有一天人们掌握了人工增雪技术，那无疑是地球人的福音。而这，需要我们彻底地理解雪花的生长过程。

对美丽雪花的现代科学意义上的理解，始于一个农民的好奇心和追求。

补缀：据信第一张雪花照片是德国人约翰·海因德里希·路德维希·弗吕格（Johann Heinrich Ludwig Flögel, 1834—1918）于1879年拍摄的。

　　本书作者（左）与廖龙光博士（摄于2013年夏）。他们没有任何值得称道的科学成就。

平凡人的乐趣——二维点阵缩放对称性

不是所有人都是天才。尤其，一个人如果今天还不是天才，他不能指望明天一觉醒来就会变成天才。可是，我们这样的平凡人（亲，我可没说你！），如果我们愿意，也可以用科学研究娱乐人生，也可能有机会体验一下发现的快乐。至少，我们可以试着去学会欣赏天才的杰作。

给大家聊聊笔者和廖龙光博士的故事。在2009—2013年间我们是那种导师-博士生之间的关系，虽然我没能力给他任何实质性的指导。

2008年在一次学术会议上，一个关于准周期铺排问题的报告吸引了我。在和报告人的私下讨论中，我了解到相关工作的一个参与者叫廖龙光，当时其正处于硕士毕业后的不知所措中。我自己对铺排问题有点儿兴趣，此前还做过一些工作，于是便有了邀请这位同学到我的课题组读博士的念头。后来，经过一番周折，这位廖龙光同学终于来到了北京。他给我的最初印象是瘦弱，似乎有点儿营养不良；不善言辞或者说有些木讷。但有一点我敢肯定，这是一块做学问的好料子。

在经过半年多的准备后，廖龙光顺利获得了攻读博士学位的资格，开始了他的博士生生活。我给他定的研究方向还是接着做他的准周期铺排问题研究，这个方向上我们没有任何科研任务的压力，他可以信马由缰慢慢地前行。我对他的这种安排，有一种确切的描述，叫不负责任。幸运的是，廖龙光后来的研究成果成功地掩盖了我的不负责任。

在寻找十二次准晶单个团簇铺排方案的时候，廖龙光又瞄上了 $y = \arcsin(\sin(2\pi nx))$ 的这样一类函数，其中整数 n 是变量，x 是参数。选择一些特殊的参数 x，可以得到非常有趣的图案。比如，参数 x 取白银分割数 $\lambda = \sqrt{2} - 1$ 时的图像如图1所示，似乎具有八次转动对称性。妙的是，廖龙光看出这是由两套格子叠加而成的水纹花样（Moiré pattern）花样。把其中一套摘出来（图2a），当 x 轴和 y 轴坐标取合适的比例尺时，它近似地是一套正方格子。当 x 轴坐标与 y 轴坐标的比例取一定值趋于零时，图案趋近一个完美的正方格子。而此时，对图2中作为极限的完美正方格子来说，x 轴提供了一个单向缩放对称的方向。由此进一步可证明：正方格子在过任一格点，沿和邻边成22.5°的方向上，具有缩放对称性，缩放因子为 $3 - 2\sqrt{2}$。类似地，令参数 x 取白金分割数 $\mu = 2 - \sqrt{3}$，可以

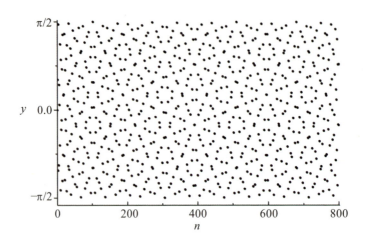

图1　函数 $y = \arcsin(\sin(2\pi\lambda n))$ 在 $\lambda = \sqrt{2} - 1$ 时的图像，变量 n 为正整数

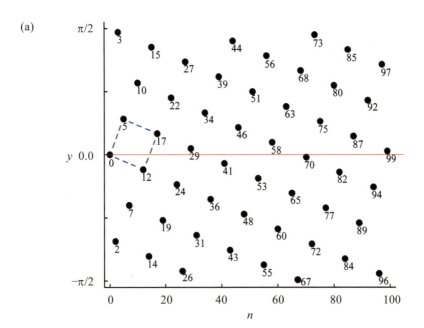

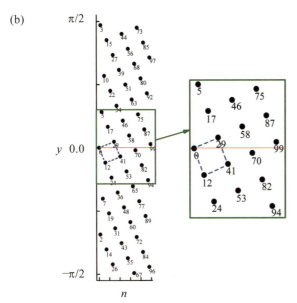

图2　函数 $y = \arcsin(\sin(2\pi\lambda n))$，$\lambda = \sqrt{2} - 1$ 之一支的图像，为近似的正方格子；

(b) 为 (a) 中的格子沿水平方向收缩约 $3 - 2\sqrt{2}$ 倍后的情景

确立三角格子的单向缩放对称性：三角格子在过任一格点，沿和邻边成15°的方向上，具有缩放对称性，缩放因子为 $7-4\sqrt{3}$。

伽利略早已注意到，一般几何结构是不存在缩放对称性的。几何变换包括镜面反映、滑移、转动和缩放等变换。在考虑空间格子的几何变换时常会涉及镜面反映、滑移和转动，而关于缩放的对称性问题却鲜有提及，就是因为在这些点阵中人们还没有找到过单向缩放对称性。在一特定方向上正方格子、三角格子存在缩放对称性的发现，打破了几何点阵单向缩放对称性研究的坚冰。自然我们接着会问，是否还有更多的单向缩放对称性存在？2014年6月，我注意到了正方格子和三角格子可以分别用高斯整数（Gaussian integer）和爱森斯坦整数（Eisenstein integer）加以表示，则缩放对称性的研究变为证明高斯整数或爱森斯坦整数所代表的矢量经缩放变换后能否保持高斯整数或爱森斯坦整数特性的问题，这提供了关于正方格子和三角格子存在单向缩放对称性的一个非常简洁的证明。进一步地，我发现正方格子存在无穷多的单向缩放对称性：过任一格点，沿和邻边成 θ 角（$\tan\theta = \dfrac{\sqrt{k^2+4}-k}{2}$，$k=1,2,3\cdots$）的方向上，正方格子都具有缩放对称性，缩放因子为 $\tan^2\theta$。其中，$k=2$ 对应前述白银分割数的情形；$k=1$ 对应的缩放对称性的方向由 $\tan\theta = \dfrac{\sqrt{5}-1}{2}$ 决定，而这个数是神奇的黄金分割数。**黄金分割数和白银分割数第一次以兄弟的面目出现在同一个问题中！**

如果愿意扩展数系，取 $k=4i$，则

$$(\sqrt{k^2+4}-k)/2 = -i(2-\sqrt{3})$$

你看白金分割数 $2-\sqrt{3}$ 就出来了。我们可以说，表达式

$$(\sqrt{k^2+4}-k)/2$$

实现了黄金分割数、白银分割数和白金分割数的统一。因为它们恰好对应三维物理世界中仅有的十次、八次和十二次准晶，它们能统一于一个表达式中这个事实应该有某种深层的物理含义。

相当多的物理模型是建立在正方格子或三角格子上的，一些物理问题本身也具有三角格子或正方格子的对称性。正方格子和三角格子单向缩放对称性的发现，也许对相关物理问题意味着什么，希望能够引起理论物理同行们的注意。考虑到黄金分割数出现在一维伊辛模型的激发态质量比中、硬六角模型的临界逸度中，以及与贝尔不等式之哈代验证有关的最大哈代概率中，则建立在正方格子或三角格子上的物理问题之某个特定物理量与白银分割数、白金分割数或者黄金分割数挂钩，应该不是令人惊讶的事情。我和廖龙光博士没有能力进行这方面的深入研究，我们只是通过摆弄简单的代数发现和证明了正方格子和三角格子的单向缩放对称性。但是，这个微不足道的发现，虽然和本书提及的那些珍珠般的发现相比连沙粒都算不上，却已经带给我们足够多的欢乐。

而你，亲爱的读者，当你坚持把这本书读到这一页时，我相信那些天才们的灵光一现已经在你的内心深处激起了风暴般的创造和发现的欲望。而这个关于廖龙光博士和我的平凡人之平凡事，更能为你平添几分信心。

你还等什么呢？踏上你的发现之旅吧！

参考文献

[1] Longguang Liao, Zexian Cao. Directional Scaling Symmetry of High-Symmetry Two-Dimensional Lattices. Scientific Reports, 2014, 4: 6193.

[2] Zexian Cao. Proof of Multiple Directional Scaling Symmetry in Square and Triangular Lattices with the Concept of Gaussian and Eisenstein Integers. arXiv:1410.5139.

后记

经历了长达两年多的东拼西凑，这本包含29个故事外加一段感慨的小册子终于可以交稿了。在准备这些粗浅文字的两年中，笔者翻阅了大量的原始资料，包括那些科学巨擘们的传记、笔记以及论著。那些天才的思想，那些个人禀赋与历史机缘契合而迸发的智慧之光，常常让笔者击节赞叹。那些特别专业的心得请原谅我不能在这里全部写出，但我由此而得以不断加深的对这些科学巨擘们的由衷敬佩却也难以掩饰——我也不想掩饰。印象中我觉得就像玻尔兹曼诗中所描写的那样，他们是一群心灵脱离了庸俗从而在云端俯瞰世界的人。幻想着沿着这些科学巨擘们用智慧铺就的思想之路，有一天我们也能站在科学的山巅，将这庸常的身躯也沐浴在理性的光辉中。

我站在山巅，

　　一任凛冽的风吹过。

我站在山巅，

　　且看潇洒的云飘过。

我站在山巅，

　　在第一抹红霞中构思日出的景象。

我，只在山巅……

2015年10月8日

图书在版编目 (CIP) 数据

一念非凡：科学巨擘是怎样炼成的 / 曹则贤著. —— 北京：外语教学
与研究出版社，2022.3
ISBN 978-7-5213-3375-6

Ⅰ. ①一… Ⅱ. ①曹… Ⅲ. ①科学家－生平事迹－世界－通俗读物
Ⅳ. ①K816.1-49

中国版本图书馆 CIP 数据核字 (2022) 第 038599 号

出 版 人　王　芳
项目负责　刘晓楠　顾海成
项目策划　何　铭
责任编辑　何　铭
责任校对　刘晓楠
装帧设计　李　高
出版发行　外语教学与研究出版社
社　　址　北京市西三环北路 19 号（100089）
网　　址　http://www.fltrp.com
印　　刷　北京华联印刷有限公司
开　　本　710×1000　1/16
印　　张　14
版　　次　2022 年 3 月第 1 版 2022 年 3 月第 1 次印刷
书　　号　ISBN 978-7-5213-3375-6
定　　价　99.00 元

购书咨询：（010）88819926　电子邮箱：club@fltrp.com
外研书店：https://waiyants.tmall.com
凡印刷、装订质量问题，请联系我社印制部
联系电话：（010）61207896　电子邮箱：zhijian@fltrp.com
凡侵权、盗版书籍线索，请联系我社法律事务部
举报电话：（010）88817519　电子邮箱：banquan@fltrp.com
物料号：333750001